GÜTERSLOHER
VERLAGSHAUS

Gütersloher Verlagshaus. Dem Leben vertrauen

Im Andenken
an meinen Bruder Achim und meine Eltern

Gewidmet
meinem Sohn Moritz

Gunhild Kleinhoff

berührt – geliebt – gesegnet

Ein spiritueller Weg durch die Trauer
in sieben Stationen

Gütersloher Verlagshaus

Bibliografische Information der Deutschen Nationalbibliothek
Die Deutsche Nationalbibliothek verzeichnet diese Publikation in der Deutschen Nationalbibliografie; detaillierte bibliografische Daten sind im Internet über http://dnb.d-nb.de abrufbar.

Mix
Produktgruppe aus vorbildlich bewirtschafteten Wäldern, kontrollierten Herkünften und Recyclingholz oder -fasern
FSC
www.fsc.org Zert.-Nr. SGS-COC-004278
© 1996 Forest Stewardship Council

Verlagsgruppe Random House FSC-DEU-0100
Das für dieses Buch verwendete FSC-zertifizierte Papier *Munken Premium* liefert Arctic Paper Munkedals AB, Schweden

1. Auflage

Zur Arbeit mit diesem Buch benötigen Sie das separat erhältliche Arbeitsheft, das Sie über den Buchhandel beziehen können (ISBN 978-3-579-06828-2).

Druck und Einband: Těšínská tiskárna, a.s., Česky Těšín
Printed in Czech Republic
ISBN 978-3-579-06825-1

www.gtvh.de

Inhalt

Teil 2: Praktische Umsetzung

Vorwort

Eine Einladung an Trauernde

Sie haben einen Verlust erlitten, der Ihr Lebensfundament ins Wanken brachte. Verluste haben viele Gesichter: das Scheitern einer Beziehung, verpasste Chancen, der Abschied von Lebensträumen oder der Verlust eines geliebten Menschen durch den Tod. Vielleicht sieht Ihr Verlust noch ganz anders aus.

Sie möchte ich mit diesem Buch ansprechen.

Ihr aktueller Verlust ist nicht mehr ganz frisch. Er liegt bereits einige Wochen, Monate oder gar Jahre zurück. Noch immer spüren Sie in Ihrem Inneren einen bohrenden Schmerz. Ihre Trauer sitzt in Ihnen fest. Sie hat Sie innerlich erstarren lassen und blockiert Sie in Ihren Lebensmöglichkeiten. Sie konnten bisher kaum einen Schritt gehen, der in ein verändertes Leben weist.

Ihre Lebensqualität ist eingeschränkt, Sie fühlen sich niedergeschlagen und es will keine rechte Freude mehr aufkommen. Vielleicht leiden Sie unter Schlaf- und Konzentrationsstörungen, Müdigkeit, Antriebsarmut und Appetitlosigkeit. Sie fühlen sich verunsichert, zerrissen und wie gelähmt. Sie haben Sorge, »ver-rückt« zu sein und kommen innerlich nicht zur Ruhe. Sie unterdrücken Ihr Bedürfnis nach Zuwendung. Sie mögen Ihre Freunde nicht mehr mit Ihrem Leid, das unaufhörlich in Ihrem Kopf kreist, behelligen. Sie meiden Menschen und bleiben am liebsten für sich, auch wenn Sie sich zunehmend isoliert und einsam fühlen.

Ihr Verlust ist mit einem Gefühl der Leere verbunden und löst Fragen nach Ihrem Selbstwert und Ihrem weiteren Lebenssinn aus. Sie machen sich Vorwürfe, fühlen sich beklemmt und eingeschnürt, erkennen sich selbst nicht wieder. Vielleicht nehmen Sie besorgt wahr, dass Sie bei zunehmender Zurückgezogenheit und Einsamkeit leichter zu Alkohol, Zigaretten oder Medikamenten greifen.

Für Sie schreibe ich dieses Buch.

Sie können Ihre Trauer verwandeln. Dadurch wird Ihnen Ihre Trauer nicht genommen: sie erhält jedoch einen neuen Platz in Ihrem Leben. Ihre Lebenskraft kommt wieder ins Fließen. Es stellt sich erneut Lebensfreude ein.

Sie brauchen nichts mitzubringen, außer einem geöffneten Herzen.

Trauerverwandlung erfordert den festen Willen, die Trauer verwandeln zu wollen. Wenn Sie diese Entscheidung getroffen haben, sich auf Veränderungen hin zu neuem Lebenssinn und neuer Lebensfreude einzulassen, haben Sie bereits einen ersten wichtigen Schritt getan.

In der Trauer begleitet

Seit meiner Jugend habe ich Kontakt zu trauernden Menschen. Meine erste Trauerbegleitung nahm ich im Alter von 17 Jahren wahr. Ich wurde auf einer Krankenstation zum Gegenüber einer Kollegin, die damals so alt war wie ich heute. Während ihr 18-jähriger Sohn lange im Koma lag, befand sie sich in einem seelischen Ausnahmezustand. Inzwischen konnte ich meine Lebenserfahrung mit Fachwissen anreichern, um Menschen in Trauer- und Krisensituationen zu begleiten.

Liebe Trauernde, Ihr Weg durch die Trauer ist kein Spaziergang. Ihr Weg kann über Höhen und Tiefen, durch Tränengebiete und karge Landschaften führen. Ich werde auf dem Weg der Trauer an Ihrer Seite sein, damit Sie das Tal der Trauer verlassen können. Wir werden uns auf dem Weg austauschen und Zwiesprache halten. Ich möchte Ihre Ängste, Unsicherheit, Mutlosigkeit und Zweifel erspüren und Ihnen Mut machen, damit Sie Ihr Ziel nicht aus den Augen verlieren und weitergehen. Am Ende Ihres Weges durch die sieben Stationen der Trauer werden wir uns voneinander verabschieden. Sie werden dann in der Lage, Ihren Weg allein fortzusetzen.

Ich werde Sie sicher über Stock und Stein und an Klippen und Abgründen vorbeizuführen. Wir werden das Tempo so wählen, dass Sie Ihr Ziel sicher erreichen können. Ich werde Sie auf Besonderheiten und Schönheiten am Wegesrand oder in sichtbarer Ferne aufmerksam machen und Sie daran erinnern, sich Ruhepausen zu gönnen und Ihr Wasser einzuteilen. Ich muss den Weg gut kennen, um Ihnen eine verantwortliche und verlässliche Weg- und Trauerbegleiterin zu sein.

Ich bin selbst Wege durch die Trauer gegangen. Ich habe liebe Menschen entweder durch Trennungen oder durch Tod verloren. Ich habe getrauert um verlorene Lebensmöglichkeiten und zerronnene Lebensperspektiven. Am nachhaltigsten hat mich der Tod meines Bruders Achim durch Suizid geprägt. Ich war, wie Sie, Fragen ausgesetzt, wie es weitergehen soll. Ich kenne Zeiten der Dunkelheit und des Verstummens. Ich weiß um die Erstarrtheit des Körpers, die Hohlheit leer geweinter Augen und die schwer wie Blei lastende Gegenwart und Zukunft. Aufgrund meiner Selbsterfahrung weiß ich heute, dass für mich Spiritualität die größte Heilung bringende Kraft besitzt. Spirituelle Berührung ist ein besonderes Geschenk, das man sich nicht verdienen oder erarbeiten kann. Sie geschieht und kann nicht erworben werden.

Zur Entstehung und Absicht dieses Buches

Im Rahmen der Ausbildung »Integrative Trauertherapie« habe ich das Konzept der Sieben Stationen der Trauer® in einem Wandlungszyklus entwickelt. Der Spiritualität kommt hierbei eine entscheidende Bedeutung zu. Sie wissen nicht, wo und wie Sie sich Ihrem Trauerberg nähern können. Die vorgegebene Struktur lässt das Unüberschaubare für Sie überschaubar werden. Sie gehen Schritt für Schritt Ihren eigenen Weg durch Ihre Trauer. Dieses Vorgehen nach einem festen Plan schafft Sicherheit und Ordnung in Ihrem inneren Chaos.

Mein Anliegen war, »Spiritualität« und »Trauer« zu einem gangbaren Trauerweg zu verbinden, der – auf christlicher Tradition basierend – gleichermaßen Wirkkraft für von Gott entfernte, Gott suchende oder Gott nahe Menschen geeignet ist. Im vorliegenden Buch stelle ich Ihnen mein Trauermodell vor. Für Ihre praktische Umsetzung habe ich ergänzend ein gleichnamiges separat erhältliches Arbeitsheft zusammengestellt.

Möge dieses Buch Sie dabei unterstützen, Ihren Verlust als Chance in Ihrem Leben anzusehen. Mögen Sie heilsam berührt werden und sich geliebt wissen. Mögen sich Ihnen Türen zu verborgenen Schätzen und neuen Lebensmöglichkeiten öffnen. Mögen Sie gesegnet in Ihre Zukunft blicken, in der in Ihnen wachse, was wachsen möchte.

Hamburg, im Januar 2009
Gunhild Kleinhoff

Teil 1

Theoretische Grundlagen

1.

Vorbereitung des Weges durch die Trauer

1.1 Chancen und Grenzen dieses Buches

Dieses Buch will Ihnen behilflich sein, kognitive Impulse zu reflektieren, körperliche Übungen auf sich einwirken zu lassen und schöpferische Momente zu erleben. Sie eignen sich Wissen an, Sie denken über die erhaltenen Anstöße nach, Sie schulen Ihre Wahrnehmung, Sie hören verstärkt nach innen, Sie lösen sich von überholten Vorstellungen, Sie probieren Neues aus, Sie ent-wickeln sich, Sie arbeiten daran, Ihrer Trauer einen guten, veränderten Platz in Ihrem weiteren Leben zu geben. Parallel zur kognitiven Einverleibung des theoretischen Hintergrundes in diesem Buch, können Sie den praktischen Übungsanleitungen im separat erhältlichen Arbeitsheft bzw. auf der CD folgen. Sie arbeiten, mal leichter und mal schwerer, daran, Ihre Trauer umzuwandeln. Die Trauer soll nicht destruktiv Ihr weiteres Leben beeinflussen, sondern Ihnen vielmehr konstruktiv Lebensperspektiven eröffnen.

Der Wandlungszyklus der Trauer ist in sieben Stationen unterteilt. Die einzelnen Stationen bauen aufeinander auf. Der Wandlungszyklus der Trauer gibt Ihnen strukturiert ein Geländer, an dem Sie sich in Ihrer Situation, in der Sie den Boden unter den Füßen verlieren, festhalten können. Im vorgegebenen Rahmen werden Sie erkennen, wo genau Sie in Ihrem Trauerprozess stehen.

Sie bestimmen Ihr Tempo, in dem Sie vorgehen. Wenn eine Station mit einem Schwerpunktthema eine intensivere Bearbeitung verlangt, wiederholen Sie diese Station. Sie allein bestimmen, wann Sie soweit sind, Ihren Verlust in eine veränderte Lebensausrichtung zu integrieren. Sie entscheiden, wann Sie Ihre innere Arbeit mit diesem Buch abschließen.

Ihre Trauer wird danach nicht verschwunden sein. Sie wird jedoch einen angemessenen Platz in Ihrem weiteren Leben erhalten haben. Die Trauer wird Sie nicht mehr in Ihrem Wachsen blockieren, sondern Ihnen volle Entfaltung Ihres wahren Selbst ermöglichen. Sie werden gestärkt sein, Ihre Trauerarbeit eigenständig fortzuführen.

Dieses Buch bringt Ihnen keine Heilung, wenn Sie psychisch erkrankt sind. Sicherlich kann es Ihnen die Genesung fördernde Aspekte und Anstöße vermitteln. Bei psychischer Erkrankung bitte ich Sie jedoch, zusätzlich professionelle Hilfe in Anspruch zu nehmen. Dieses Buch ersetzt keine notwendige psychotherapeutische Behandlung.

Es ersetzt auch keinen persönlichen Austausch mit einem anderen Menschen.

1.2 Innere Haltung auf dem spirituellen Trauerweg

Leider wird häufig übersehen, dass der Mensch nicht aufzuteilen ist in Körper, Geist und Seele. Der Mensch ist *ein* Wesen, bei dem Körper, Geist und Seele zusammenwirken und sich einander bedingen. Ist die Seele krank, ist dies im Körper sichtbar. Sie haben sicherlich schon einen niedergeschlagenen Menschen gesehen, gebeugt von Gram und Kummer. Ist der Körper krank, leidet auch die Seele.

Mein prozessorientierter Ansatz im Wandlungszyklus der Trauer achtet die Einheit von Körper-Geist-Seele und verbindet rein spirituell-meditativ-leiborientierte Wirkelemente mit tiefenpsychologisch orientierten integrativen Ansätzen sowie kognitiven Lerntechniken. Sie erhalten Textimpulse, die Ihren Geist anregen. Meditationen berühren die Tiefe Ihrer Seele. Ihre inneren Anliegen und Sehnsüchte können Sie verbal, in Gesang, gestalterisch und durch Ihren Leib ausdrücken. In praktischen Übungen spüren Sie in sich hinein und lernen sich tiefer kennen, z. B. welche Bedürfnisse Sie haben, was Ihnen schwerfällt, welche Überzeugungen Sie geprägt haben, was Sie wütend macht, was überholt ist und was jetzt dran ist.

Ich bin zuversichtlich, dass Sie den Weg durch Ihre Trauer finden und Ihr Leben wieder selber gestalten können, in Unabhängigkeit,

Selbstbestimmt- und Selbstbewusstheit sowie in Selbstverantwortlichkeit, wenn Sie der schöpferischen Kraft Ihrer Spiritualität Raum verschaffen. Sie werden Ihren Weg durch Ihre Trauer und Krise meistern, denn ein jeder Mensch bekommt nur die Steine in den Weg gelegt, die er wegräumen kann. Ich bin sicher, dass sich nicht Ihre Entlastung, sondern eher das, was Ihnen zugemutet wird, Sie ermutigt und sich positiv auf Ihr Befinden auswirkt. Ich zeige Ihnen eine Richtung und gebe Ihnen praktische Hinweise. Gehen werden Sie Ihren Weg allein. Ihr Trauerweg erfordert Ihre aktive innere Arbeit im Kontext Ihrer Lebensgeschichte.

Nun können Sie Ihren Trauerweg starten. Zuvor möchte ich Ihnen jedoch noch einige nützliche Hinweise geben.

1.3 Sonstige nützliche Hinweise

1.3.1 Trauerbewältigung allein oder in Gemeinschaft?

Eine Trauerbewältigung mit diesem Buch als einzige Form der Unterstützung schützt Sie vor der Enttäuschung, der Sie möglicherweise in einer Gruppe ausgesetzt wären. In einem Gruppenprozess stehen Ursachen und Auslöser Ihrer Trauer nicht im Vordergrund. Die einzelnen Trauerereignisse der Teilnehmer können nicht konkret und im Detail an- und ausgesprochen werden. Hierfür wird auf Einzelgespräche am Rande, separate kleinere Trauerkreise bzw. ein individuelles Begleitungsangebot verwiesen. Auf diese Weise wird vermieden, unter den Teilnehmern »Trauerhierarchien« entstehen zu lassen (»Mein Verlust ist schwerer als deiner.«), was weder für die Gruppe noch für Sie in Ihrer Trauerarbeit förderlich wäre. In einer Gruppe herrscht eine Grundhaltung, dass jeder den Schmerz des anderen mitträgt, ohne ihn detailliert zu kennen. In Gruppenarbeit entsteht eine Gruppendynamik. In der Trauerarbeit kommen Lebensthemen hoch, die die Menschen an unterschiedlichen Punkten in unterschiedlicher Intensität erreichen und heftige Gefühle auslösen. In Gruppenarbeit kann darauf naturgemäß nicht ausreichend individuell eingegangen werden. Auch eine tägliche allgemeine Aussprache in einer Gruppe kann kein individuelles persönliches Gespräch mit einem vertrauten Menschen oder sonstigen Begleiter ersetzen. Ihre beabsichtigte Trauerbearbeitung allein mit Hilfe dieses Buches enthebt Sie der Befürchtung, im Vergleich zu anderen negativ bei Übungen abzuschneiden. Auch sind Sie nicht gefordert, Hemmungen zu überwinden und Konkurrenzhaltungen loszulassen.

Bei Teilnahme an einer Gruppe empfehle ich diese erst dann, wenn der Verlust nicht mehr ganz frisch und keine akute Krise gegeben ist, da aufgrund der Randbedingungen zu wenig auf den individuell Trauernden eingegangen werden kann und der Prozess der Gruppe unangemessen behindert würde. Ihren Wunsch nach einer Trauerbewältigung allein können Sie sofort umsetzen, ohne nach einem geeigneten Angebot Ausschau halten zu müssen.

Allerdings bietet eine Trauerbearbeitung in einer Gruppe, die aktiv zu einem gruppendynamischen Prozess professionell angeleitet wird, verschiedene positive zusätzliche Aspekte gegenüber Ihrer beabsichtigten eigenständigen Bewältigung, die ich Ihnen nicht vorenthalten möchte. Ein Gruppenprozess ermöglicht Ihnen intensive stützende und stärkende Erfahrungen. Sie erfahren in einer Gruppe viel über sich selbst. Sie spiegelt in Zugewandtheit ehrlich zurück, was Sie aussenden. Eine Gruppe ist für Sie gleichsam ein unverfälschter Spiegel. Eine Gruppe spiegelt Ihre Ressourcen und Schwächen. Durch tiefe Gruppenerfahrungen und -prozesse gelangt eine Gruppe auf den Grund einer Wahrhaftigkeit, in der ein jeder den anderen vorbehaltlos annehmen kann. Dies ermöglicht ein intensives und nachhaltiges Gemeinschafts- und Zugehörigkeitsgefühl. Wenn auch nur eingeschränkt, können in einer Gruppe die Gefühle, die Ihr Trauerbegleiter bzw. andere Gruppenteilnehmer in Ihnen auslösen, dazu genutzt werden, um Ihnen zu ermöglichen, frühere ungelöste Konflikte aufzugreifen, nachzuerleben und durchzuarbeiten. In einer die Trauer begleitenden Gruppenarbeit können ebenso die entstehenden Gefühle, Wünsche, Ängste oder Vorstellungen, die Sie umgekehrt in

Ihrem Trauerbegleiter bzw. anderen Gruppenteilnehmern auslösen, als Quelle genutzt werden, um mehr über Sie selbst zu erfahren.

1.3.2 Einbeziehung eines vertrauten Menschen

Ich empfehle Ihnen, Ihre Trauer in Gemeinschaft mit anderen Trauernden zu bewältigen. Trauer will ausgedrückt und gesehen werden. Von daher gesehen kann dieses Buch nur eine zweitbeste Alternative sein. Dieses Buch ist jedoch die beste Alternative, wenn Ihnen im Moment keine Gruppe zur Verfügung steht oder Sie noch nicht bereit sind, sich einer Gruppe anzuschließen oder einer professionellen Hilfe anzuvertrauen oder wenn Sie es zusätzlich zu einer Gruppenarbeit benutzen.

Für diesen Fall ist dieses Buch geeignet, Sie ein Stück auf Ihrem Trauerweg im Dialog mit mir weiterzubringen, wobei Sie klar erkennen, dass es keinen Austausch mit einem lebendigen Gegenüber ersetzen kann. In Ihrer Situation bräuchten Sie eigentlich Menschen um sich herum. Menschen, die Ihnen zuhören, die sich immer wieder Ihr Leid anhören, die still Ihre Hand halten, Sie umarmen, die Ihnen zeigen, dass Sie nicht allein sind und die Sie spüren lassen, dass Sie angenommen sind, dass Ihr Kummer und Ihre Trauer gesehen werden. Ich empfehle Ihnen daher, sich Gedanken zu machen, welchem Menschen Sie sich anvertrauen können. Ich betrachte es als hilfreich, wenn wenigstens eine Person in Ihr Vorhaben, Ihre Trauer mit Hilfe dieses Buches bearbeiten zu wollen, eingeweiht ist. Es kann Sie erleichtern, wenn Sie eine Person aus Ihrem Freundeskreis oder eine geistliche Begleitung auswählen, bei der Sie Ihren Tränen freien Lauf lassen können, die Ihre Wut und Verzweiflung sieht, Ihnen ein Wort des Trostes zusprechen und sich mit Ihnen an Ihrer Entwicklung erfreuen kann.

1.3.3 Einbeziehung von Kindern

Ein Hinweis ist mir vorab noch wichtig: Bitte achten Sie auch auf die Trauer von Kindern in Ihrem Umfeld. Sie sind selbst mit der Bewältigung Ihres Verlustes vollkommen beansprucht und daher kaum in der Lage, um Sie herum noch Ihre Kinder wahrzunehmen. Vielleicht reicht Ihre Kraft gerade noch für das kleinste der Kinder, doch die größeren werden leicht übersehen. Bedenken Sie, dass auch die Kinder trauern, und Kinder verstehen vieles noch weniger als Sie. Nehmen Sie Kinder ernst, versuchen Sie, dem Alter der Kinder entsprechend, den Verlust und die Krisensituation zu erklären. Sonst fantasieren sich Kinder etwas zusammen, was ihnen Ängste bereitet. Mit der Realität können Kinder oft viel besser umgehen, als Erwachsene glauben. Wenn es sich um Verlust durch Tod handelt, fragen Sie die Kinder, ob sie an der Beerdigung teilnehmen möchten. Vielleicht möchten Kinder sich mit einem Bild verabschieden oder z. B. Blumen pflücken. So gelingt es Ihnen gemeinsam mit Ihren Kindern besser, den Verlust zu verarbeiten. Wenn Sie Ihren Kindern ein letztes Abschiednehmen verhindern, und meinen Sie es noch so gut, kann Ihr Kind noch nach Jahrzehnten Wut auf Sie empfinden. Sie helfen Ihren Kindern am meisten, wenn Sie Ihr alltägliches Leben so normal wie möglich weiter laufen lassen. Die Normalität kann auch für Sie selbst eine Stütze sein, auf Ihrem Trauerweg weiter voranzuschreiten. Kinder, die ihr Verhalten auffällig verändern, sich z. B. völlig zurückziehen, Freundschaften aufgeben, in den schulischen Leistungen sehr nachlassen, bedürfen besonderer Zuwendung und Hilfe. Möglicherweise setzen sie sich mit schweren Schuldgefühlen auseinander. Vielleicht kreisen in ihnen Gedanken wie z. B.: »Wäre ich nur braver gewesen, wäre es nicht zu dem Verlust gekommen. Ich habe dazu beigetragen, dass Mama, Papa, Oma oder Opa nicht mehr da ist.« Ich verweise im Übrigen auf weitergehende Fachliteratur im Anhang.

1.3.4 Über (spirituelle) Trauerbegleitung

Für die Trauerarbeit bedarf es besonderer Kompetenz und Erfahrung. Ausgebildete Trauerbegleiter führen Sie an anstehende Traueraufgaben in Ihrem individuellen Trauerprozess heran und entwickeln situationsgerechte Übungen, um ein Steckenbleiben in der Trauer zu verhindern. Ziel ist es, den erlittenen Verlust als Kraftquelle in Ihr weiteres Leben zu integrieren. Trauerbegleiter erkennen blockierte Trauerprozesse und Widerstände. Sie sind mit integrativen Methoden vertraut, um Trauer ins Fließen zu bringen und Widerstände in den begleitenden Prozess zu integrieren. Es bedarf Erfahrung, Sie dort abzuholen, wo Sie stehen. Trauerbegleiter benötigen die Fähigkeit, Sie zu ermutigen, sich auf Unbekanntes einzulassen und werden auch in schwierigen Situationen mit Ihnen Ihren Schmerz aushalten, Sie in Ihrem Erleben mit all Ihren Emotionen, Wünschen und Wertvorstellungen annehmen. Trauerbegleiter werden Ihnen geduldig zuhören und Ihnen in Offenheit und Echtheit begegnen, Ihr Selbstvertrauen fördern und Ihre Selbstverantwortung stärken. Sie werden Ihnen achtsam vermitteln, dass von Ihnen ein großer Raum in eigenem Maß und Tempo erobert werden kann, aber nicht muss. Der Aufbau einer vertrauensvollen Beziehung, in der Sie sich als Person in Ihrem ganzen Schmerz und Sein empathisch angenommen fühlen, ist die Basis für eine gelingende begleitende Arbeit.

Für die spirituelle Trauerbegleitung bedarf es ausreichender eigener spiritueller Übung und Ein-ver-leibung eigener Trauer und spiritueller Erfahrungen. Ihr spiritueller Trauerbegleiter integriert in den Trauerprozess die spirituelle Ebene. Er ermutigt Sie, »Berührungen Gottes« in Ihrem Leben wahrzunehmen und darin einen roten Faden zu entdecken. Er vermittelt Ihnen auf Ihrem geistlichen Weg das nötige Urvertrauen zu einer spirituellen Dimension und sieht seine Aufgabe in einer Hinführung zum Gewahrwerden des Göttlichen, sofern Sie dafür offen sind. Ihr spiritueller Trauerbegleiter ist offen und tolerant gegenüber Ihrem geistlichen Weg. Er lebt seinen eigenen spirituellen Übungsweg im Respekt gegenüber anderen spirituellen Wegen. Ein jeder Weg führt über Höhen und Tiefen, durch Zeiten der Fülle und der Dürre. Eine erfahrene, geistliche Trauerbegleitung, die selber Zeiten des Reichtums und des Mangels, der schnellen Entwicklung und des Stillstands, kennt, ermutigt Sie, sich auf einen spirituellen Trauerweg einzulassen bzw. ihn fortzusetzen.

Das Herzensgebet als Beispiel für einen spirituell meditativen Übungsweg

Der meditative Weg des Herzensgebets hat sich im 3./4. Jahrhundert entwickelt und das Mönchtum in Ost und West, aber auch die Gebetspraxis der Kirche über die Jahrhunderte bis in die heutige Zeit geprägt. Die Tradition des Herzensgebets ist ein hörendes Beten, das sich im Schweigen vollzieht. Beim Herzensgebet (zuvor auch Jesusgebet genannt) wird die Aufmerksamkeit auf das Herz als Zentrum und Tempel des Menschen gelenkt, wo Gott Raum zum Wohnen gegeben wird. Das Herz wird als kostbarer Raum in der Leibesmitte und als das Einzige angesehen, das unvergänglich und unzerstörbar ist. In diesem Raum verdichtet sich das sehnende Suchen nach Gott zu einem einzigen Wort, das in uns Wohnung nimmt. Das innere Wort oder der innere Satz aus der Heiligen Schrift wird laut oder leise wiederholt, bis es, gleichsam wiederkäuend, zum immerwährenden Gebet wird. Das Herzensgebet vermag das Innere umzuformen. Es lässt Sie in Ihrem Innersten die Geborgenheit in Gott erfahren und dass Sie nicht auf einen Weg *zu* Gott, sondern auf einem Weg *mit* Gott schreiten. Das Herzensgebet spricht beide Gehirnhälften an und verbindet das logisch rationales Denken mit den intuitiven, schöpferisch, emotionalen Aspekten, wodurch sich ein ganzheitliches Leben in Balance erschließt.

Das Herzensgebet kann auch noch von trauernden Sterbenden erlernt werden und ist oft gerade in der Sterbebegleitung erstaunlich wirksam. Es werden Gefühle von Ruhe und Geborgenheit geäußert und es entwickelt sich die Bereitschaft, den Körper loszulassen und heimzugehen.

Das individuelle Gebetswort kann immer wieder heilsame und tröstende Kraft entfalten, unabhängig davon, ob Sie gesund oder krank sind, stark oder schwach, jung oder alt.

Das Herzensgebet bietet sich als eine spirituelle Gebetspraxis für Sie an. Durch die sich wiederholende Anrufung Gottes im Herzenswort entgehen Sie der Gefahr, sich in eigenen Gedanken zu verlieren. Das Herzensgebet unterstützt Sie, Ihre kreisenden Gedanken zu stoppen und verstärkt Ihre Gedankendisziplin. Es spendet Ihnen in Ihrer schmerzlichen Lebenssituation Trost und ist leicht in den Alltag zu integrieren. Es führt Sie zu sich selbst und lässt Sie neue Wege zu Ihren Mitmenschen und Ihrer alltäglichen Situation finden. Der Alltag wird zu Ihrem meditativen Übungsfeld.

2.

Die Basisausrüstung für einen spirituellen Trauerweg

Bevor Sie sich auf den Weg zur Trauerverwandlung begeben, möchte ich Ihnen ein Basiswissen vermitteln, das allgemein im Umgang mit Trauer und Krisen hilfreich ist und zum tieferen Verstehen der Prozesse beiträgt. In diesem Kapitel erhalten Sie Grundlagen, auf die der Wandlungszyklus mit den sieben Stationen der Trauer aufbaut.

Zuerst beschäftigen wir uns mit den wesentlichen Begriffen und damit, was ich unter Spiritualität und dem Gottesbegriff verstehe. Danach stelle ich Ihnen förderliche Elemente in der Trauerarbeit im Allgemeinen und die spirituelle Trauerarbeit im Besonderen vor. Diese Elemente sind in die spätere praktische Umsetzung des Wandlungszyklus der Trauer integriert.

Danach sollten Sie gut informiert und ausgerüstet sein, um Ihren persönlichen Wandlungsweg durch die Trauer zu starten.

2.1 Wesentliche Begriffe zum Verständnis

2.1.1 Trauer

Trauer ist eine ganz natürliche und selbstverständliche Reaktion auf einen Verlust und somit ein ganz normales Gefühl. Trauer bedeutet immer, etwas Liebgewonnenes loszulassen und sich allmählich Neuem zu öffnen. Somit begleitet Trauer Sie Ihr ganzes Leben hindurch. Ihre Lebensumstände verändern und wandeln sich ständig, laufend müssen Sie Loslassen üben und sich auf Neues einstellen. Auch wenn es sich um natürliche Vorgänge handelt, die Sie vom Kopf her wissen, z. B., dass heranwachsende Kinder aus dem Haus gehen, dass in einer Paarbeziehung ein Partner in der Regel eher verstirbt, dass unser aller Leben endlich ist, kann das Abschiednehmen von Vertrautem dennoch ungeheuer schmerzen und Trauer hervorrufen. Trauer und das damit verbundene Wechselbad vieler Gefühle ist somit ein natürlicher Vorgang und eine archetypische Reaktion, die in sämtlichen Kulturkreisen anzutreffen ist.

2.1.2 Trauer in unserer Gesellschaft und anderen Kulturkreisen

In unserem Kulturkreis ist eine Verarbeitung von Lebenskrisen in Gemeinschaft überwiegend verloren gegangen. Als Trauernder bzw. Trauernde sind Sie weitestgehend auf sich allein gestellt. Wie Sie selbst erfahren konnten, wird in unserer immer schneller und oberflächlicher werdenden Gesellschaft Trauer häufig als etwas Unangenehmes, Ungesundes, ja als Krankheit betrachtet, die man schnell und möglichst fernab der Öffentlichkeit hinter sich bringen sollte. Gefühle und persönliche Ängste zu zeigen gilt eher als Schwäche und Trauernde scheuen sich, ihre Trauer und Tränen zu zeigen. Trauernde sperren ihre Trauer häufig ein. Mit eingepanzerten Gefühlen setzen sie ihr Leben fort, was zu gesundheitlichen Beeinträchtigungen führen kann. Die Traditionen, die es früher gab, z. B. bei Verlust durch Tod durch eine schwarze Armbinde auf seine angeschlagene Situation aufmerksam zu machen und sein Schutzbedürfnis kundzutun, sind zumindest in den größeren Städten immer mehr verloren gegangen. Allerdings sind auch erste Anzeichen einer Gegenentwicklung erkennbar.

Bei psychischen Erkrankungen ist ein unverminderter Zunahmetrend zu beobachten. Schlagwörter wie Mobilität, Flexibilität, Schnelligkeit, Steigerung von Produktion, Verlängerung von Servicezeiten etc. haben erhebliche Konsequenzen. Beziehungen zerbrechen immer schneller. Die Scheidungsziffern sind hoch. Beständige Solidargemeinschaften hilfsbereiter und verständnisvoller Nachbarschaften entstehen immer seltener. Die Entwicklung zu einem isolierten, anonymen Leben in immer größeren Lebensräumen mit krank machenden Auswirkungen ist unverkennbar. Natürliche Trauerreaktionen in einem menschenfreundlichen Umfeld, das Anteil nimmt und hilfreich zur Seite steht, sind immer weniger möglich.

In anderen Kulturkreisen wird natürlicher als bei uns mit dem Verlust durch Tod umgegangen. Dort setzen sich die Menschen in Ritualen schon zu Lebzeiten mit ihrer Sterblichkeit auseinander. Das Tragen eines Turbans kann z. B. symbolisch an das Leichentuch erinnern, in das der Mensch einst bei seinem Begräbnis eingewickelt wird. In Mexiko sind Leben und Tod sichtbarer als bei uns in das alltägliche Leben integriert. Jedes Jahr feiert das Volk den Gedenktag für die Toten (Los Días de los Muertos), was uns eher an ein Volksfest erinnert. Angehörige laden neben den Verstorbenen auch Familienangehörige, Freunde und Bekannte zum Familienfest ein und gedenken mit Gaben, Lieblingsspeisen, Gesängen und Gesprächen der Toten und feiern das Leben.

Es gibt Kulturen, in denen die Trauerfähigkeit als kulturelles Gut hoch geschätzt wird. In Griechenland z. B. obliegt es den Frauen, zu klagen und zu betrauern, was nicht mit Jammerei und Wehleidigkeit verwechselt werden darf. Bei den Klagegesängen der Myroloja handelt es sich um eine spezielle Volksliedkunst. In improvisierter Form wird in fester Versstruktur die Persönlichkeit und das Leben eines verstorbenen Menschen mit Gelungenem und Unvollkommenem besungen, wobei auf unterschiedliche Weise verschiedenste Emotionen ausgedrückt werden und die Trauer in Fluss gehalten wird.

2.1.3 Gesundheitliche Auswirkungen von Trauer

Häufig sind die Befindlichkeit und das Leistungsvermögen eines trauernden Menschen erheblich beeinträchtigt. Es kommt zu Symptomen wie Niedergeschlagenheit, Schlaflosigkeit, Atembeschwerden, Kopfschmerzen, Herz- Kreislaufstörungen und es besteht ein erhöhtes Infektionsrisiko.

Die Trauerforscherin Verena Kast macht darauf aufmerksam, dass eine Störung der Trauerarbeit bei den Trauernden deren seelische

Entwicklung, zwischenmenschliche Beziehungen und spontane und schöpferische Fähigkeiten behindert. Für den Trauerforscher J. William Worden sind unbewältigte Verlusterlebnisse oder komplizierte Trauerprozesse Ursachen für psychische Erkrankungen, die die ganze Persönlichkeit erfassen. In Mimik, Gestik und Sprache kann sich Hoffnungslosigkeit und Erstarrung ausdrücken.

Wichtig ist es zu wissen, dass jeder Trauernde individuell und je nach Störung unterschiedlich unter Freud-, Interessen- und Leblosigkeit sowie Nichtfühlen- und Nichttraurigseinkönnen leidet. Sie sind nicht allein in Ihren Schuld-, Minderwertigkeits- und auch Angstgefühlen. Auch andere Trauernde spüren innere Leere und Versteinerung. Es können sich Erkrankungen einstellen, begleitet von Grübelzwang, Konzentrations- und Gedächtnisschwäche, somatischen und vegetativen Störungen, Störungen im Schlaf-Wach-Rhythmus bis hin zu suizidalem Verhalten.

In schweren depressiven Phasen kann es zu einem Leistungsabfall kommen, bis hin zur Unfähigkeit, den Alltagsaufgaben oder einer Berufstätigkeit nachzukommen. Oftmals ziehen die Störungen nach einem schweren Verlust sozialen Rückzug und Isolation nach sich. Das Trauererleben kann sich jedoch auch in einer ruhelosen Überaktivität äußern, die gesellschaftlich noch Anerkennung einbringt (workoholic). Das Entfliehen vor den Gefühlen im Innersten kann zu einem Burn-Out und völligem Zusammenbruch führen.

Nach Studien der Krankenkassen haben sich Depressionserkrankungen in den letzten 30 Jahren mehr als vervierfacht. Bewohner in den Großstädten sind deutlich stärker betroffen, die Tendenz ist weiterhin steigend, was sicherlich auf die dort zunehmende Anonymisierung und gesellschaftliche Vereinzelung zurückzuführen ist. Krankenkassen und Unternehmen sind alarmiert, da vorzeitige Ermüdung, Konzentrationsstörungen und Leistungsschwankungen sich auf die Qualität der Arbeit, das Betriebsklima und letztlich als enormer Kostenfaktor niederschlagen.

Auch gibt es Trauernde, die verstärkt zu Medikamenten, Drogen oder Alkohol greifen, um die aufkommenden Gefühle der Trauer,

Leere und Sinnlosigkeit nicht zu spüren. Viele Menschen schleppen alte, tief sitzende und unbearbeitete Trauer, die sich stetig weiter anhäuft, als immer schwerer werdende Last mit sich durch ihr Leben.

2.1.4 Trauer als individueller Prozess und in Bezug auf geschlechtsspezifische Aspekte

Die Trauer ist nichts Statisches, sondern ein sehr komplexer Prozess, der verschiedene Phasen durchläuft. Trauerphasen werden hierbei nicht abgetrennt nacheinander durchschritten, sondern sie durchdringen sich und beinhalten auch Wiederholungen und Schleifen. Der Trauerprozess stellt sich eher wellenförmig dar und wirft Sie scheinbar auch zurück. Wichtig für Sie ist es zu wissen, dass Trauer individuell höchst unterschiedlich erlebt und verarbeitet wird. Es gibt keine allgemein gültigen Regeln für »richtiges Trauern«, sondern ein jeder Trauernder entwickelt individuelle Reaktionen, die spezifischer Trauerarbeit bedürfen. Häufig können die engsten Angehörigen, die um einen gemeinsamen Verlust trauern, ihre Trauer nicht miteinander teilen. Gerade im engsten Kreis bauen sich Erwartungen auf, die enttäuscht werden. Der andere »benimmt sich völlig unmöglich«, nimmt an Ihrer Trauer keinen Anteil und »trauert gar nicht richtig«. Diese Ausdrücke habe ich häufiger gehört. Deswegen betone ich, wie individuell die Trauer eines jeden Menschen ist. Der eine zieht sich zurück und schweigt, der andere feiert laute Feste, um seinen Schmerz zu betäuben. Sie können sich vorstellen, dass diese unterschiedlichen Reaktionen und Verhaltensweisen große Irritationen auslösen können. Wenn keine gemeinsame Sprache mehr in der Trauer gefunden wird und Kommunikation nicht mehr stattfindet, zerbrechen leicht bestehende Beziehungen. Der Schmerz und das Gefühl, allein zu sein, werden dadurch noch verstärkt. Aus Unwissenheit kommt zu einem Trauerverlust somit ein weiterer hinzu. Mehr als 50 Prozent aller Paare, die ein Kind durch Tod verlieren, trennen sich. Es kann somit nicht genug appelliert werden, gerade bei gemeinsamer Trauer sich gegenseitig Verständnis und Toleranz entgegenzubringen und Hilfe in Anspruch zu nehmen. Ein jeder steht mit der Trauer an einem anderen Punkt und bewältigt sie auf eine andere Art und Weise. Auch kommen neben sich einstellendem Schweigen, das einen Verlust noch riesiger macht, als er schon ist, noch unausgesprochene Schuldvorwürfe hinzu. Der nächste Verlust ist auf diese Weise vorprogrammiert.

Ihr Wissen um ein individuelles Trauerverhalten möchte ich noch um einen zusätzlichen Aspekt ergänzen, der zum Verständnis und zur gegenseitigen Achtsamkeit, gerade bei Trauer innerhalb von Familienstrukturen wichtig ist: Männer trauern anders als Frauen. Männer trauern aufgrund der Sozialisation der Geschlechterrollen und geschlechtsspezifischer Gefühlshemmungen im Allgemeinen eher rationaler. Sie wirken nach außen gefasster und scheinen mit ihrer Trauer besser fertig zu werden. Ihre Trauer tritt häufig erst zu einem späteren Zeitpunkt zu Tage, z. B. in Form von psychosomatischen Erkrankungen. Frauen fällt es in der Regel leichter, ihre Gefühle auszudrücken. Sie verfügen über ein größeres Netzwerk an Unterstützung und geraten weniger schnell in Isolation.

2.1.5 Trauerarbeit

Der Begriff »Trauerarbeit« wurde 1917 erstmalig von Sigmund Freud in »Trauer und Melancholie« eingeführt und in den 80er- und 90er-Jahren wieder von Trauerforschern wie J. William Worden und Jochen Jülicher aufgegriffen, nachdem das zuvor herrschende Augenmerk auf einzelne Trauerphasen, in denen sich die Trauernden befinden, in den Hintergrund trat.

Es wird ausreichend Zeit benötigt, um das Verlorengegangene zu beweinen, für das Erhaltene zu danken, Wut auszudrücken, sich neu zu finden und auszurichten, einen veränderten Lebenssinn zu erkennen und den Verlust in das weitere Leben zu integrieren. Der Trauerprozess ist immer mit Auseinandersetzung mit sich selbst verbunden und erfordert daher regelrechte »Trauerarbeit«.

Sie können vielleicht mehr mit dem allgemeineren Begriff »psychische Verarbeitung« anfangen. In beiden Begriffen ist der Begriff

»Arbeit« enthalten. Wie im gewöhnlichen Arbeitsprozess fällt auch die Trauerarbeit gelegentlich schwer und es sind Durststrecken zu überwinden. Das Ziel ist in weiter Ferne und lässt sich erst erreichen, wenn einzelne Etappen bewältigt werden.

Sie wollen Ihre Trauer »bearbeiten« und nehmen in einer entbehrungsreichen und schwierigen Zeit die Herausforderung an, Ihre Trauer zu verwandeln. Sie setzen sich mit den Veränderungen konstruktiv auseinander und nehmen Ihr Schicksal wieder selbstbestimmt in die Hand.

Die von Ihnen zu bewältigende Trauerarbeit ist unter den Themen der sieben Stationen der Trauer in einem Wandlungszyklus aufgeführt:

Station 1: GESEHEN – Den Trauerschmerz sichtbar machen
Station 2: BERÜHRT – Den Trauerschmerz spüren und erleben
Station 3: GESCHENKT – Den Verlust akzeptieren und Bleibendes wahrnehmen
Station 4: GELIEBT – Sich öffnen für Selbstannahme und Versöhnung
Station 5: GERUFEN und GENÄHRT – Kraftquellen und Ressourcen erkennen
Station 6: GETRÄUMT – Eigener Lebensspur und Lebensaufgabe folgen
Station 7: GESEGNET – Verlust integrieren und Neuausrichtung leben

Es ist nicht einfach, aus der Dürre eines Verlustes und dem tiefen Tal der Trauer wieder herauszukommen und neue Lebensperspektiven zu entwickeln. Sie erkennen die Verwandlung Ihrer Trauer daran, wenn Sie sich ohne körperliche und psychische Beschwerden wieder mit neuer Kraft und Freude Ihrer Zukunft zuwenden können.

Die Trauerarbeit ermöglicht Ihnen persönliches Wachstum und Entwicklung, neue Einsichten und verändertes Handeln und legt kreatives und schöpferisches Potenzial frei.

2.1.6 Trauerbewältigung als Heilungsweg

Trauer wird gelegentlich mit einer seelischen Verwundung verglichen. Die Gesundheit, die sich auf die Gesamtheit des Menschen mit Leib und Seele bezieht, ist während der Trauerzeit beeinträchtigt.

Carl Gustav Jung sah die Trauerzeit als eine Zeit an, in der ein Mensch bereit ist, neue Anstöße in seinem Entwicklungs- und geistigen Wachstumsprozess aufzunehmen, Einstellungen zu überprüfen, neue Lebensziele zu entwickeln und zu erkennen, was überholt oder schon abgestorben ist. Gerade Krisensituationen können frei und offen legen, wo der Mensch ausweicht und lieber durch einen geschäftigen Alltag überdeckt. In der Krise geht nichts mehr, kein Weglaufen und kein Zudecken. Die Krise fordert vielmehr heraus zum Innehalten und genauen Betrachten. Es braucht Zeit, die Krise als Chance zu begreifen, um uns vor Sackgassen, Abgründen und Irrwegen zu bewahren.

Die in der Trauerarbeit zu bewältigenden psychischen Aufgaben können sich somit zu einem Heilungsweg entwickeln. Die Trauerarbeit bezieht die Einheit von Seele, Geist und Körper in die Auseinandersetzung mit ein, die für ein Heilwerden unabdingbar ist. Sie identifiziert Überholtes, setzt Ressourcen frei, ermöglicht das Hervortreten von bisher Verborgenem, aktiviert vergessene Lebensträume und dient somit dem Wachstum und Rundwerden einer Persönlichkeit, wie von Gott angelegt. Auch führt sie Sie an Fragen nach der Sinnhaftigkeit Ihres Lebens heran. Nach Viktor E. Frankl, dem Begründer der Logotherapie, wird der Mensch durch den Willen zum Sinn angetrieben. Wenn es Ihnen gelingt, in Ihrem Leben, auch in Ihrer augenblicklichen Situation, einen Sinn zu erkennen, wird es Ihnen leichter fallen, Ihre Trauer zu verarbeiten.

Wenn Sie erkennen, dass möglicherweise die eigentliche Ursache Ihrer eventuellen Antriebsminderung im Bereich unverarbeiteter Trauer und von Zweifeln am Lebenssinn anzusiedeln ist, könnte gerade die Integration der Spiritualität einen wirkungsvollen Heilungsweg eröffnen. Das Gewahrwerden der göttlichen Kraft in Ihrem Leben wird Sie darin bestärken, dass Ihr Leben, auch in der augenblicklichen

Krise, einen tieferen Sinn hat und in einem größeren Zusammenhang zu betrachten ist. Auf dem Wandlungszyklus der Trauer werden Sie in sieben Stationen auf Fähigkeiten, Lebensaufgaben und -ziele stoßen, die den Sinn Ihrer Existenz bekräftigen.

2.1.7 Spiritualität, Gottesbegriff und Gottesbild

Spiritualität bedeutet Abwendung von einer rein rationalen, materiellen Ebene hin zu einer geistigen. Gottes Geist, sein lebendiger Atem, geht durch uns hindurch und verbindet zwischen dem Weltlichen und Göttlichen. Häufig wird dieses Kraft- und Heilungspotenzial nicht wahrgenommen und zum Schwingen gebracht. Dabei bedarf es keiner Anstrengung, um sich spirituell auszurichten. Das Wesentliche der Spiritualität besteht darin, den göttlichen Hauch in sich selber, im Anderen und um sich herum wahrzunehmen. Spirituelle Erfahrungen werden umso erleb- und spürbarer, je mehr Sie sich zu dieser Kraft hin ausrichten und den Boden dafür bereiten. Tief in Ihnen ist auf einer unbewussten Ebene eine Erinnerung an einen früheren Zustand mit der göttlichen Einheit, in dem Ihnen an nichts mangelte.

Oftmals öffnet sich ein Mensch für eine spirituelle Suche erst nach einem die Grundmauern erschütternden Lebensereignis. In einer Lebenskrise, in der plötzlich ein sorgfältig geplantes Leben ins Wanken gerät, wird der Mensch mit Fragen konfrontiert: »Was trägt mich wirklich? Was ist mir zu einem sinnerfüllten Leben förderlich bzw. hinderlich?« Fragen wie »Woher komme ich?« und »Wohin gehe ich?« tauchen spätestens in der Sterbebegleitung auf.

Nach Viktor E. Frankl kann ein Mensch die unglaublichsten Leiden ertragen, wenn er davon überzeugt ist, dass sie einen Sinn haben. Sollten wir uns nicht gerade in einer Gesellschaft, die der Bildung des Intellekts den höchsten Stellenwert einräumt, auf das schwierige Experiment einlassen und den Intellekt einmal ausschalten? Könnten wir stattdessen nicht ohne den analysierenden und bewertenden Intellekt einen Gedanken an die Existenz einer göttlichen Kraft als wahr annehmen und Vertrauen entwickeln?

Das Göttliche ist in der spirituellen Trauerarbeit eine wesentliche Wirkkraft. Mir ist es wichtig, das Gottesbild zu klären, das Sie in diesem Buch begleitet.

Es ist nicht möglich, Spiritualität als eine wesentliche Kraftquelle in Trauer und Krisen zu bezeichnen, ohne über meine Gottesbeziehung zu schreiben.

Ich habe in meinem Elternhaus die christliche Tradition kennen gelernt und sie praktiziert, allerdings ohne innere Beteiligung. Wie viele Menschen habe ich Gott dann einen Platz in meinem Leben gegeben, wenn es mir schlecht ging. Eine wirkliche Beziehung zu Gott hat sich erst viel später, in einer großen Krise und angeregt durch den meditativen Weg des Herzensgebets, entwickelt. Ich habe Aussagen von Mystikern erfahren dürfen, die schreiben: »Gott ist schon da, wenn Du ihn suchst.« Dieses Bewusstsein von großer Nähe zu Gott verbinde ich nicht mit der Institution »Kirche«. Es geht darüber hinaus und verbindet sich mit meditativen Wegen vieler anderer Religionen. Es gibt nur einen Gott, jedoch viele Wege, ihm zu begegnen.

Ihnen steht es frei, auf welchen Begriff Ihre Sehnsucht gerichtet ist. In den verschiedenen Kulturen und Religionen entstanden unterschiedliche Gottesbegriffe, die jedoch auf unterschiedliche Weise in einem Ursprung münden. Vielleicht nennen Sie das, worin alles mündet, Gott, so wie ich, oder aber göttliches Sein, höchstes Licht, Ursprung des Universums, höchste Wirklichkeit, größte Liebe, höchste spirituelle Dimension, Quelle oder Essenz des Lebens. Vielleicht sind Ihnen Begriffe wie Urprinzip, Urgrund, Leerheit oder das Absolute vertrauter. »Gott« ist ein Begriff, der sehr unterschiedlich gebraucht wird. Sprechen Sie das, wohin Ihre Sehnsucht zielt, mit den Worten an, die für Sie stimmig sind. Wenn ich von »Gott« spreche, weil dies meinem Hintergrund entspricht, so bitte ich Sie nicht zu vergessen, dass diese Begriffsverwendung synonym für alle nur denkbaren Namen steht, die Gott gegeben werden, auch wenn das Göttliche mit keinem Namen fassbar ist. Das Fassungsvermögen des Menschen ist zu begrenzt, um Gott in einem menschlichen Begriff einzuschränken.

Sie kommen auf Ihrem Trauerweg immer wieder mit Ihrem Gottesbild in Berührung. Vielleicht wissen Sie nicht, was für ein Gottesbild Sie überhaupt haben. Für den klärenden Prozess, welchen Platz Gott in Ihrem Leben einnimmt, können Sie sich Zeit lassen. Haben Sie das Bild eines strafenden Gottes in sich? Wie ist dieses Bild entstanden? Hat vielleicht Ihr Elternhaus, haben Lehrer bei Ihrer religiösen Erziehung, hat die Institution Kirche Ihnen diese Vorstellung vermittelt und wurde Gott in gewisser Weise instrumentalisiert? Erinnern Sie sich an Situationen, wo Sie nach Gott riefen und keine Antwort erhielten? Fühlen Sie sich verlassen von Gott, fühlen Sie sich von ihm im Stich gelassen, hat er Ihnen zu viel zugemutet, ohne dass Sie sich wehren konnten? Hat er das, wonach Sie flehten, Sie inständig beteten, nicht erfüllt? Verzweifeln Sie an einem Vorhandensein Gottes in dieser Welt, die wesentlich von Egoismus, Macht und Profit bestimmt wird, wo Menschlichkeit, Solidarität und Gerechtigkeit immer mehr auf der Strecke bleiben? Ist Ihnen Gott zu weit, Millionen von Lichtjahren und mehr, entfernt, wo Sie ihn doch hier, nah bei sich, benötigen?

Diese Auseinandersetzungen mit Gott, ein Hadern mit ihm, ein Wütendsein auf Gott, habe ich in Gesprächen mit Menschen, die ich begleite, immer wieder erlebt. Dürfen Sie diese negativen Gefühle haben? Ja, denn bei Gott ist alles möglich. Sie dürfen ihm Ihre Verzweiflung, Ihre Wut lautstark entgegenschreien. Im Übrigen weiß Gott, wie es um Sie bestellt ist, ohne dass Sie Ihre Empfindungen ausdrücken. Dennoch schafft die Entäußerung Ihrer Enttäuschung in Ihnen Leere und Raum. In diesem neuen Raum kann eine neue Beziehung entstehen.

Die spirituelle Trauerbegleitung, die ich Ihnen mit diesem Buch vermittle, integriert notwendigerweise eine Beziehung zu Gott. Ich führe Sie an mögliche Erfahrungen mit Gott heran.

2.1.8 Spirituelle Trauerarbeit als sinnlicher Erfahrungsweg

Die spirituelle Trauerarbeit integriert die spirituelle Dimension in die Trauerarbeit zur psychischen Verarbeitung eines Verlustes. Die Integration von Spiritualität ermöglicht Ihnen, Ihren Verlust, Ihre offene Wunde, Ihre innere Leere, Ihr sinnentleertes Leben anders anzuschauen, ohne letztlich zu verzweifeln. Sie können zu der Erkenntnis gelangen, dass die göttliche Kraft Sie trägt, stützt und durch Ihre Trauer und Krise führt. Sie nehmen wahr, dass der Lebenszyklus ein unaufhörliches Werden und Sterben beinhaltet. In den Übungen des Wandlungszyklus mit den sieben Stationen der Trauer wird Ihr Wahrnehmungsvermögen verfeinert. Sie werden intensiver sehen, hören, ertasten, riechen, schmecken und begreifen. Sie können das Göttliche in allem wahrnehmen, das Sie umgibt. All Ihre Sinne werden angesprochen und berührt, wenn der göttliche Funken Sie erfüllt. Sie werden sich getragen fühlen, wenn Sie mit Ihren Füßen den Boden berühren. Sie werden die Fülle des Lebens spüren, wenn Sie Ihre Hände ausstrecken, Sie werden den pulsierenden göttlichen Geist ein- und ausatmen und sich davon durchdringen lassen.

Wenn Sie sich dem spirituellen Trauerweg öffnen, werden Ihre Sinne und trüben Gedanken vom göttlichen Hauch durchwebt. Ihr Herz kann sich mit Liebe für sich selbst und andere füllen.

2.1.9 Wirkungen spiritueller Trauerarbeit

Die Integration von Spiritualität in Ihre Trauerarbeit wird es Ihnen ermöglichen, Ihre Situation aus einer anderen Perspektive zu betrachten. Sie werden lernen, mit Ihrer Trauer und Krise anders umzugehen. Verluste und Krisen lassen Sie in der Beziehung zu dem Göttlichen »erwachsen« werden. Während Sie in einer eher »kindlichen« Gottesbeziehung sich erhoffen, dass Gott alles gut für Sie richten und Sie überall und immer beschützen möge, werden Sie als »erwachsenes Gegenüber« von Gott gefordert.

Das Göttliche in Ihrem Leben fordert etwas von Ihnen, traut und mutet Ihnen etwas zu, nämlich Trauer-arbeit. Der Weg durch die Trauer erfordert Arbeit, Anstrengung und Durchhaltevermögen und es werden auch gelegentlich die Füße schmerzen. Ein spiritueller Trauerweg ist, wie jeder geistliche Weg, keine bequeme, breite Straße.

Spirituelle Trauerarbeit eröffnet Ihnen neue Möglichkeiten, sich mit Ihrem Verlust, Ihrem zurückliegenden Leben, Ihrem Versagen, Ihren Schuldzuweisungen, Ihrer augenblicklichen Krise auseinanderzusetzen und sich mit anderen, am allermeisten jedoch mit sich selbst, auszusöhnen. Ein Bewusstsein, einmalig von Gott gewollt und geschaffen zu sein, mit allen Schwächen und aller Unvollkommenheit, erleichtert wesentlich den Prozess der Selbstannahme.

Wenn Sie sich vor Augen führen, dass eine Trauer, der nicht oder nicht ausreichend Gelegenheit zur Verarbeitung gewährt wurde, wesentlich von Gefühlen tiefer Niedergeschlagenheit und Zuständen von Versteinerung begleitet wird und auch eine Verstärkung von Suchtverhalten auslösen kann, hat die Einbeziehung der spirituellen Dimension eine besonders nachhaltige und stärkende Wirkung. Dies gilt auch, wenn Sie in Ihrer frühen Kindheit Verluste oder Defizite an Wärme und Geborgenheit erleben mussten. Vielleicht lernten Sie schon früh Selbstkritik und Selbstanklagen wie: »Ich bin nichts wert. Ich bin nicht gut genug. Ich bin nicht richtig. Ich bin nicht liebenswert. Ich darf keinen Fehler machen. Ich bin unfähig. Ich bin schuldig. Ich muss mir mein Daseinsrecht erarbeiten.« Vielleicht konnten Sie kein starkes Selbst-Bewusstsein aufbauen, vielleicht erfuhren Sie nicht genügend Vertrauen in sich und das Leben und wussten nicht, sich Selbstliebe entgegenzubringen. Vielleicht sind Sie von Zweifeln und Misstrauen geprägt und von Ängsten, zu versagen und nicht geliebt zu werden. Es gab in Ihrer Kindheit bedrohliche Lebenssituationen, in denen Sie in Ihren Grundbedürfnissen nicht gesehen worden sind. Leicht konnten Sie sich zu einem Menschen mit großen Verlustängsten und hoher Anpassungsbereitschaft und unablässigem Suchen entwickeln. Gerade für die, denen es bisher schon schwergefallen ist, eigene Bedürfnisse wahrzunehmen und zu verwirklichen, weil Sie die Durchsetzung eigener Interessen als schuldhaft erlebt hätten, wird die Bewältigung ihres augenblicklichen Verlustes besonders schwer.

Die Integration der Spiritualität in die Trauerarbeit wirkt hier besonders stärkend und heilsam. Das Gewahrwerden der göttlichen Wirklichkeit lässt frühere Defizite heilen. Sie, von schwerem Verlust getroffen und in einer Krise gefangen, können sich angenommen fühlen, so wie Sie sind und nicht, wie Sie für andere sein sollten. Ihre inneren wertenden und urteilenden Stimmen verlieren auf dem spirituellen Trauerweg mehr und mehr an Einfluss. In der spirituellen Trauerarbeit wird ein Heilungsweg erschlossen, der neue, unbekannte innere Stimmen hören lässt: »Du bist es wert, geliebt zu werden« oder »Du bist ein geliebter Mensch.« Je wertloser Sie sich fühlen, umso größeren Mut benötigen Sie, um an diese Liebe Gottes zu glauben und in aufrichtiger Überzeugung diese Liebe anzunehmen. Wenn Sie es jedoch wagen, sich auf die spirituelle Trauerarbeit einzulassen, werden Sie Ihr eigenes Leiden bewusster erleben und durchleiden. Durch das Erleben Ihrer eigenen Trauer werden Ihnen auf der spirituellen Basis auch Nöte und Schmerzen Mitleidender erkennbar. Im spirituellen Trauerprozess wissen Sie sich mit Mittrauernden von der göttlichen Liebe umfangen, getragen, aufgerichtet, gestärkt und begleitet.

Die spirituelle Trauerarbeit setzt im Hier und Jetzt an. Krank machende Überlebensmuster aus der Vergangenheit verlieren an Bedeutung. Die Integration einer göttlichen Wirklichkeit in Ihr Leben lässt Sie versöhnlich werden, mit sich selbst und mit anderen. Die göttliche Wirklichkeit kompensiert den früher nicht aushaltbaren Mangel, es besteht keine Notwendigkeit mehr in eine Flucht in Ersatzbefriedigungen. Die Integration der göttlichen Wirklichkeit in Ihr Leben bewirkt eine Neuausrichtung Ihres Lebens, Sie brauchen nicht mehr im Außen zu suchen, Sie werden nun von innen genährt.

Spirituelle Erfahrungen, Momente der vertrauensvollen Hingabe beim Tun, Betrachten oder Sein und der Versunkenheit in tiefem Einheitsgefühl, verändern Sie als ganzen Menschen. Auf einer transpersonalen Bewusstseinsstufe verändern sich Ihr Selbstverständnis und Ihr Selbstwertgefühl. Am Ende eines Lebens, das häufig Unerledigtes und oftmals Gescheitertsein und Versagen aufweist, kann der Gedanke, wieder in einen Einszustand mit dem Göttlichen zu gelangen, großen Trost spenden und Versöhnung auch mit sich selbst ermöglichen. Dies kann geschehen im Vertrauen darauf, dass etwas bleibt. Das Selbstwertgefühl ist vergänglich mit dem Tod. Erst die Integration der Spiritualität in unser Selbst schafft die wahre Identität, die auch mit dem Tod unvergänglich ist.

Spiritualität in der Trauerarbeit wird in diesem Falle zu einer reinigenden und klärenden Kraft, die ein Getragensein vom Urgrund, eine Einbindung in das kosmische Gefüge sowie eine Vorwärtsorientierung im ewigen Kreislauf spüren und erfahren lässt.

2.2 Förderliche Elemente spiritueller Trauerarbeit

Die nachfolgend ausgewählten Schwerpunkte sind mir in der spirituellen Trauerbegleitung besonders wichtig, um Sie für das Eintauchen in eine spirituelle Ebene empfänglich zu machen.

2.2.1 Stille und Schweigen

Gott, ich tauche ein in mich, in dich.
Du bist überall um mich herum.
Ich bin durchweht von dir.
Ich höre den Lärm lautstark brodeln.
Du ziehst mich immer mehr zu dir.
Ich lass mich von dir anziehen.
Es wird ruhig.
Stimmen verstummen.
Zu ruhig.
Ich harre aus. Regungslos.
Ich sehne mich.
Ich bin.
Ich.
Du.
Ich höre.
Ich höre. Dich.

Die Menschen fürchten die Stille. In ihrem Bedürfnis nach Geräuschen und Lärm wird sie schnell unerträglich. In der Stille sind die Menschen ihren Ängsten ausgesetzt und kommen zum Nachdenken. Stillesein ist somit nicht allein Abwesenheit von Lärm, sondern ein inneres konzentriertes Lauschen und Hören, wie schon im 4. Jahrhundert n. Chr. von den Wüstenmüttern und -vätern praktiziert. In dieser Stille können Sie sich auf die Reise begeben und zu Ihrer inneren Mitte finden, um Gott zu begegnen. In der Freiheit der Stille entwickelt sich ein Abstand zu sich selbst. Sobald Sie sich mehr und mehr erlauben, aus Ihrer neu gewonnenen Identität heraus zu handeln, werden Sie auf Ihrem spirituellen Reifungsweg freier und unabhängiger und bewältigen Verluste, Krisen und Durststecken im Bewusstsein einer Sinnhaftigkeit.

Im Trauerprozess werden Sie Überholtes zurücklassen, verabschieden und loslassen. Neues wird sich seinen Weg suchen. Dieser Prozess dient der inneren Reinigung und fördert Ihr Wachstum.

In der Stille erwächst Einsicht und liebevolle Offenheit für sich selbst, die Menschen um Sie herum, für alle Wesen und die gesamte Schöpfung. Ich möchte Sie ermutigen, sich stille Zeiten einzuräumen. Vielleicht wird es Ihnen am Anfang schwerfallen, weil Stille und Schweigen für Sie ungewohnt sind. Gerade am Anfang erleichtert es Ihren neuen Weg, wenn Sie zu bestimmten Zeiten Lärm vermeiden, um in sich hineinzuspüren. Erst in der Stille werden Sie wahrnehmen, was sich in Ihrem Inneren angestaut hat, was Sie beschwert und was Sie lösen können. Durch bewusstes vermehrtes Schweigen wird Ihre Fähigkeit zum Zuhören geschult. Auch wird es Ihnen gelingen, Ihre Worte und Emotionen besser wahrzunehmen und verletzende, unbedachte Worte und Gedanken zu vermeiden. Das Schweigen schult Sie, Wesentliches von Unwesentlichem zu unterscheiden. Im Schweigen erkennen Sie, was trotz des erlittenen Verlustes bleibt und was Sie bereichernd in Ihr weiteres Leben integrieren können.

2.2.2 Wahrnehmung

Wahrnehmungsschulung ist für den spirituellen Trauerprozess förderlich. Wie ich Ihnen im Kapitel über »Spiritualität« bereits näher brachte, erleichtert eine geschulte Wahrnehmung die Spuren Gottes um sich herum zu erkennen. Wahrnehmungsschulung betrifft auch die Wahrnehmung körperlicher und innerer Prozesse. Trauernde haben häufig jedes differenzierte Gefühl für sich selbst verloren. Alles tut ihnen weh, ihr ganzer Körper ist betroffen. Sie sind nicht in der Lage, den Schmerz genau zu beschreiben. Der Körper wird von Trauernden oftmals wie abgeschnitten und als Fremdkörper empfunden. Wahrnehmung ist hilfreich, um im Augenblick gegenwärtig zu sein und Selbstreflexion anzuregen. Verhaltensmuster, Konflikte, Bedürfnisse, Anpassung und Körpersignale können mit gesteigerter Wahrnehmungsfähigkeit erkannt und verändert werden.

Durch verbesserte Wahrnehmungsfähigkeit, die durch Zeiten der Stille und des Schweigens gefördert werden, können auch Sie mit neuen, unbekannten und versöhnlicheren Stimmen in Kontakt treten.

Eine erhöhte Wahrnehmungsfähigkeit wird Ihnen in Ihrer Kommunikation mit anderen helfen. Sie werden nicht nur sich selber, sondern auch andere Menschen verfeinert wahrnehmen. So wird für Sie auch Schmerz und Leid anderer erkennbar und gemeinsamer Schmerz kann ausgetauscht und geteilt werden. Auch Ihre Erlebnisintensität wird sich durch Wahrnehmungsintensivierung steigern. Mit geschultem Auge erkennen Sie den bunten Vogel zwischen den Blättern, die Farben der Natur sowie die Anwesenheit Gottes im anderen. Mit geschultem Ohr können Sie den Gesängen des Windes lauschen und ein gesummtes Lied in der Ferne hören. Als wahrnehmungsfähiger, spirituell durchdrungener Mensch können Sie die göttliche Lebensquelle fühlen, daraus trinken, darin vollkommen eintauchen und versinken und sich eins mit der gesamten Schöpfung fühlen.

2.2.3 Meditation in Ruhe und Bewegung

Meditation bedeutet, sich zu versenken und zur Mitte zu kommen. In der Meditation gelangen Sie zu einer Präsenz im Hier und Jetzt.

Die kreisenden Gedanken um das Verlorene und um die Zukunft werden gestoppt. Durch Meditation erlernen Sie, Ihre unablässigen Gedanken vorüberziehen zu lassen, um in Ihre eigene Tiefe zu schauen und zu hören. Erst dann ist die Konzentration auf die Gegenwart und den Augenblick möglich, der Sie zur inneren Ruhe kommen lässt.

Meditation heißt anstrengungs- und absichtsloses konzentriertes Gewahrsein mit der Sehnsucht, sich von Gott finden zu lassen. In der Meditation drücken Sie den Wunsch aus, die Gnade Gottes zu erfahren und sich von der Gegenwart Gottes berühren zu lassen. Je tiefer Sie sich selbst erkennen, mit allen Stärken und Schwächen, umso durchlässiger werden Sie für die Liebe Gottes. Meditation ist keine Entspannungsübung, sondern erfordert von Ihnen vielmehr innere Konzentriertheit und Wachheit. In der Meditation kristallisiert sich das heraus, was Sie innerlich gerade berührt. In der Meditation begegnen Sie früherem und jetzigem Schmerz und Verletzungen, Sie kommen in Kontakt mit Ihren Sorgen und Ängsten, mit Ihrem Licht und Ihrem Schatten, Sie spüren Ihre Wünsche und Bedürfnisse und was zu klären ist. Auf dem Heilungsweg durch die Trauer erlernen Sie, authentisch zu Ihren Werten und Bedürfnissen zu stehen. Dadurch finden Sie zu Ihrem wahren Selbst und werden weniger abhängig von eigenen und äußeren Erwartungshaltungen. Meditation ist kein theoretisches Lernen, sondern Meditation erfordert praktisches Üben. Meditation ist ein Erfahrungsweg. Sie erkennen ihre wahre Natur, wie Sie bei Ihrer Schaffung gedacht war, und die mehr und mehr in der Welt sichtbar werden möchte.

Meditation dient der Wiederherstellung Ihres inneren Gleichgewichts zwischen tätigem und kontemplativem Leben, zwischen Hektik und Ruhe, zwischen Anspannung und Muße. Kontemplation ist ein Zustand der inneren Ruhe. In ihr finden Sie zu Ihrer Mitte und zu einem inneren göttlichen Ort, dem Tempel Gottes in Ihnen. In der Kontemplation werden die inneren Kräfte angesprochen, die zur Beruhigung und Harmonisierung führen.

Sie können sowohl im Sitzen als auch im Gehen meditieren. Beim meditativen Gehen gehen Sie nicht, um anzukommen, sondern allein um des Gehens willen. Beim Aufsetzen eines Fußes spüren Sie den tragenden Grund. Gleichzeitig üben Sie sich im Loslassen. Ohne Loslassen gibt es keinen neuen Schritt. Mit jedem Schritt verlassen Sie den sicheren Halt und lassen sich auf Neues ein. In dem Bewusstsein, dass nur das Loslassen Sie weiterbringt, werden Sie frei für den gegenwärtigen Moment und für das Neue. Mit zunehmender Aufmerksamkeit wächst Ihre innere Präsenz und Harmonie.

Meditation ist auch im meditativen Tanz möglich, welcher ruhige, einfache Schrittfolgen beinhaltet. Der Geist soll nicht durch komplizierte Schritte übermäßig beansprucht werden. Monotone Gesänge und einfache Bewegungsabläufe ermöglichen es Ihnen, sich ganz auf Ihre innere Wahrnehmung zu konzentrieren. Sie werden im einfachen Kreistanz, mal innen, mal außen, mal in der Mitte sein, ganz so wie sich auch Ihr Meditationsweg darstellt. Im Tanz mit anderen spüren Sie die Zugehörigkeit zu einer Gemeinschaft. Sie können sich die Hände reichen, sich miteinander verbinden und die Verbundenheit körperlich spüren. Sie können flehend Ihre Arme heben und Gott anrufen, Sie können stampfen, um die Schwere Ihrer Trauer wahrzunehmen. Sie können mit Ihren Händen geben und empfangen.

Erfahrungen mit dem Atem

> *»Da machte Gott der Herr den Menschen aus Erde vom Acker und blies ihm den Odem des Lebens in seine Nase. Und so ward der Mensch ein lebendiges Wesen«.* (Gen 2,7)

Der Atem macht unser irdisches Leben aus. Mit dem ersten Atemzug beginnt unser Leben, mit dem letzten ausgehauchten Atemzug verlischt es. Mit dem Ausatmen kann alles Auftauchende losgelassen werden: das aktuelle Tagesgeschehen, Gedanken, Ängste, Sorgen und bewegende Gefühle.

Auf dem spirituellen Weg gelangen Sie zu immer größer werdender Selbsterkenntnis. Durch Erkennen Ihrer eigenen Rollen, Muster und

Bedürfnisse erfolgt Reinigung. Durch stetiges Üben gelingt es Ihnen mehr und mehr, Gefühle wie Stolz, Neid, Enttäuschung, Verbitterung, Anklage, Eifersucht, Zorn, Härte, Unbarmherzigkeit und Überheblichkeit loszulassen, die Sie bei der liebevollen Annahme Ihrer Mitmenschen behindern. Die bewusste Wahrnehmung des Atemvorgangs stärkt Ihr Körper- und Selbstbewusstsein.

Im Rhythmus der Atmung kann die Einheit mit der Schöpfung erfahren werden. Atemübungen verhelfen Ihnen zur Konzentration und machen Ihnen die Vergänglichkeit des Lebensgeschenks bewusst. Die Atmung ist die vermittelnde Instanz zwischen Ihrem Körper und Ihrer Seele.

Bei der Beobachtung Ihres Atems nehmen Sie besonders intensiv wahr, wie nichts im Leben statisch ist, sondern alles einem Wandlungszyklus unterworfen ist. So erhalten Sie eine Ahnung, dass auch der gegenwärtige Trauer- und Krisenzustand sich ebenfalls verändern wird. Die Konzentration auf den Atem und die Beobachtung des Atems lässt Sie mit der göttlichen Kraft eins werden. Sie nehmen wahr, wie Sie Ihren Atem zwar beeinflussen, ihn aber nicht machen können. Die Atmung geschieht, ohne bewusstes Wollen. Wir atmen, weil Gott sich nichts sehnsüchtiger wünscht, als im Menschen auf Resonanz zu stoßen.

Erfahrungen mit dem Körper

Die getrennte Betrachtung von einem inneren und äußeren Menschen, von Geist und Körper, erzeugt Spaltung, Krankheit und Blockaden. Der Körper will jedoch als sichtbare Hülle der Seele verstanden werden.

Ziel der Trauerarbeit ist es daher, Spaltungen von Geist und Körper aufzuheben und Geist und Körper als eine Einheit zu begreifen und zu erfahren. Alles, was Sie innerlich erleben, wird auf der körperlichen Ebene sichtbar. Wenn Sie Ihre Mitmenschen mit der Auskunft beruhigen: »Danke, mir geht es prima.« und äußern dies mit leiser Stimme und eingefallenen Schultern, so sind Ihre Worte nicht kongruent mit Ihrer Körpersprache. Der Körper ist eine Fläche, auf der nonverbal Gefühle, Befindlichkeiten und Konflikte zum Ausdruck kommen, wofür die Worte fehlen.

Vielen Menschen fehlt eine Wahrnehmung und Wertschätzung ihres Körpers. Der Körper hat zu funktionieren und wird oft erst registriert, wenn er nicht so funktioniert, wie gewünscht. Dieses Buch unterstützt Sie dabei, Ihren Körper als Ihr Instrument zu betrachten, das Ihre innere Gestimmtheit ausdrückt. Anspannungen, Versteinerungen, Verhärtungen können Sie direkt in Ihrem Körper spüren.

Eine Möglichkeit, mit dem eigenen Körper in Kontakt zu kommen, ist das freie Tanzen. Im freien Tanz, ohne vorgegebene Schrittfolge, bewegen Sie sich aus Ihrem inneren Impuls heraus, Sie finden Ihren eigenen Rhythmus und erfahren darin eine befreiende und heilsame Wirkung. Es gibt kein Richtig und kein Falsch. Im freien Tanz kreieren Sie eigene authentische Bewegungen für Ihre Stimmungen und Gefühle. Dabei können bisher verschüttete oder unterdrückte Konflikte und Emotionen befreit und ausgedrückt werden. Oft ist es schwierig, eine Stimmungslage mit Worten zu beschreiben. Im freien Tanz spricht allein Ihr Körper und er vermag dies viel besser, als Ihr Intellekt es mit Worten könnte. Freier Tanz ermöglicht Ihnen die Erfahrung von Freude und die Umsetzung von Gefühlen auf nonverbale Art und Weise. Auch ist es im freien Tanz möglich, unterdrückte und unerlaubte Gefühle, wie z. B. Wut, Aggression und hemmende Ängste symbolisch zum Ausdruck zu bringen. Auf eher spielerische Art und Weise kommen Sie wieder mit Ihren verborgenen oder un terdrückten Gefühlen in Kontakt. Der freie Tanz geschieht, wobei unbewusste Gefühlsanteile dargestellt werden.

In ganzheitlicher Betrachtung können sich die rationale und körperliche Ebene gegenseitig durchdringen und heilen.

Erfahrungen mit dem Leib

Wenn Sie sich achtsam auf Ihren Leib einlassen, können Sie ihn als wesentliche Erkenntnisquelle Ihrer selbst begreifen. Ihre Leibgestalt beinhaltet den physischen Körper mit seinen gesamten Empfindungs-, Emotional- und Mentalräumen. Schmerzhafte Erinnerungen können verdrängt und abgespalten werden, im Leibgedächtnis bleiben sie jedoch vorhanden. Der Leib umfasst somit mehr als die Summe von Geist und Körper. Der Leib betrifft Ihre gesamte leibliche und seelische Einheit. Der Leibraum reicht hinunter in den tragenden Boden und bildet einen unsichtbaren Kraft- und Schutzraum um Ihre sichtbare Körpergestalt. Der Leibraum verbindet Sie vertikal mit dem göttlich nährenden Urgrund sowie der göttlich geistigen Kraft. Der Mensch bildet die Himmelsleiter zwischen Erde und Himmel. In horizontaler Ausrichtung bringt der Leibraum Sie mit Ihrer Umwelt und Ihren schmerzenden Widersprüchlichkeiten, Begrenzungen, Erwartungen und Ambivalenzen in Kontakt.

In den Bewegungsabläufen der von Franz-Xaver Jans-Scheidegger entwickelten großen Gebetsgebärde kann die göttliche Wirkungskraft erfahren werden und eine Bereitschaft zum Geschehen- und Wandelnlassen hervorgebracht werden. Spirituelle Trauerbegleitung ohne Einbeziehung des Leibes bleibt abstrakt und unbeseelt. Bei leiborientierter Sichtweise haben Sie nicht einen Körper, sondern *sind* Leib und Körper. Ihre Leibgebärden sind Gebet. Ihre spirituelle Energie geht über Ihren Körper- und Leibraum hinaus und entwickelt sich zu einem spirituellen Kraftfeld.

Leibsprache durch Gebärden

Gebärden sind Körperhaltungen, die ohne Sprache einen bestimmten Inhalt ausdrücken. Gebärden haben eine archetypische Kraft und werden ohne kulturelle Unterschiede verstanden. Gebärden, einzeln oder in einer Folge, können zu einem Gebet zusammengesetzt werden. Innerlich können Sie bestimmte Anliegen oder Haltungen mit einer Gebärde verbinden. Nach einiger Zeit tritt Ihr Geist und Denken in den Hintergrund. Dann drücken Ihre Gebärden allein Ihr Anliegen aus, Ihr gesamter Körper wird somit zum Gebet.

Die Gebärden sind für Sie eine Möglichkeit zu beten. Viele Menschen denken, sie könnten nicht »richtig« beten und übersehen dabei, dass es vor Gott kein »Richtig« oder »Falsch« gibt. Gebärden können zu einem tiefen, durchdringenden Gebet ohne Worte werden.

Mit Gebärden können Sie z. B. ausdrücken:

Stehen vor Gott	Festen Boden unter den Füßen spüren, getragen sein von Gott
Hände in Gebetshaltung	Dankbarkeit
Hände und Arme dem Himmel entgegenstrecken	Öffnung, Bereitschaft zum Empfangen
Niederknien	Demut
Tiefe Verneigung	Anerkennung von etwas Höherem
Niederwerfung, mit Stirn und Händen den Boden berühren	Demut
Ausgestreckt auf der Erde liegen	Hingabe, Vertrauen

2.2.4 Symbole und Rituale

Symbole

Ein Symbol ist ein Erkennungszeichen. Ein Symbol verträgt keine eindeutige Festlegung, es ist mehrdeutig, vielschichtig, vielsagend, lässt sich wenig einengen und vereinigt Gegensätze. In einem Symbol wird etwas Unsichtbares, Ideelles sichtbar gemacht. Beim Symbol gibt es somit immer zwei Ebenen. Mit dem Offensichtlichen schwingt eine ideelle Bedeutung mit. Ein Symbol hat also zur konventionellen Bedeutung noch eine Nebenbedeutung. Ein Wort, ein Bild, eine Handlung wird dann zum Symbol, wenn es mehr enthält, als man auf den ersten Blick erkennen kann.

Die Symbolsprache ist eine universale Sprache, die aus einem kollektiven Wissen schöpft und sich in einer archetypischen Bildsprache erschließt. Diese archetypische Symbolsprache ist ebenfalls die Sprache der Märchen, Mythen und Träume. Das als Symbol Dargestellte wirkt aus sich heraus und wird aufgrund eines kollektiven Unbewussten überall verstanden. Ein Gegenstand oder Zeichen kann als Symbol anstelle einer nichtvorhandenen Person, eines gewesenen Gefühls, eines Versprechens, einer Hoffnung, eines Wunsches oder eines Dankes treten.

Vielleicht tragen Sie z. B. einen Stein ständig bei sich. Der Stein erinnert Sie an wunderschöne Wanderungen mit Ihrem jetzt so stark vermissten lieben Menschen. Der Stein ist somit nicht nur ein Stein. Über die Berührung mit dem Stein halten Sie eine Energie spendende Erinnerung lebendig. In der Auseinandersetzung mit dem verborgenen Sinn von Symbolen können sich Ihnen, z. B. in Träumen oder Bildern, Hinweise, Wegweiser und Botschaften für Ihren Trauerweg erschließen.

Beispielhaft folgen hier einige Symbole und deren Bedeutung:

Brunnen	Verborgene Quelle, Reinigung, Gesundheit
Gold	Unveränderlichkeit, Ewigkeit
Kahn, Barke, Boot	Überfahrt vom Reich der Lebenden ins Reich der Toten oder umgekehrt, Grenzüberquerungen
Kreuz	u. a. Symbol des Christentums als Lebenszeichen, Durchdringung von Gegensätzen
Krone	Macht, Herrschaft
Rad	Unaufhörliches Werden und Vergehen, Erneuerung
Reis, Weizen	Überfluss, Wachsen, Fülle, Reichtum
Ring	Ewigkeit, Verbundenheit, Treue
Rose	Liebe, Schönheit
Rot	Blut, Feuer, Leidenschaft
Samenkorn	Sinnbild des Lebens, Wachstum, Entwicklungspotenzial
Stab	Macht
Steuerrad	Verantwortung übernehmen
Treppe	Seelische und geistige Entwicklung
Tür, Pforte, Tor	Übergang zu Unbekanntem, sich öffnen
Weg	Menschliches Leben

Rituale

Die Bedeutung und der Sinnzusammenhang eines Rituals gehen über das Symbol hinaus. Das Ritual hat eine feste Struktur und Ordnung, in der zwei gegensätzliche Ebenen bewusst inszeniert werden. In einem Ritual wird ein Sinn vermittelt, durch Einbeziehung von Symbolen verdichtet und die Bedeutung erfahrbar gemacht. Sicherlich fallen Ihnen spontan Rituale aus dem Alltag ein, um z. B. den Tag zu beginnen, die Adventszeit einzuleiten oder einem Gast ein Willkommen zu bereiten.

Rituale entfalten eine besondere Wirkung, wenn sie in Gemeinschaft vorgenommen werden. Die Gemeinschaft weiß um den Sinnzusammenhang. Die Gemeinschaft nimmt mit allen Sinnen teil, sie spricht einen Text mit, sie hört zu, sie singt und tanzt. Die Gemeinschaft untermauert Ihre Ernsthaftigkeit und wirkt als Zeuge von dem, was Sie ausdrücken wollen.

Rituale, die mit Bildern und Symbolen arbeiten, haben eine sinnstiftende, heilende Wirkung. In einem Ritual können Prozesse abgeschlossen werden, die unvollendet sind. Auch kann in einem Ritual Versäumtes nachgeholt werden. Auf Ihrem Trauerweg bieten Rituale ein großes Potenzial zur seelischen Heilung.

2.2.5 Schöpferische Gestaltungsarbeit – Schreiben und Musik

Sie können in Ihrem Inneren heilsame Kräfte aktivieren und Ihrem inneren Erleben Ausdruck verleihen. Auch Sie können es wagen, schöpferisch zu sein. Oftmals müssen Menschen zunächst Tore von »Das kann ich nicht, mir fällt nichts ein« durchschreiten, um sich auf so etwas einzulassen. Sie können durch schöpferisches Tun ganz zu sich selbst gelangen und in einem Zustand innerer Versunkenheit um sich herum Raum und Zeit vergessen. In diesem Zustand gestalten Sie nicht auf ein Ziel hin, sondern lassen geschehen. Das, was gestaltet werden will, gestaltet sich. Die Gestaltwerdung geschieht. Sie sind lediglich eine Art »Hebamme« des Gestaltungsaktes, der aus sich heraus geschieht. Je weniger Sie Ihrem Ego Ausdruck verleihen, umso mehr kommen Sie in ein absichtsloses Erleben, das auch »Flow« genannt wird.

Ihre gesamte Energie in Ihrem Geist und Körper schwingt in Harmonie. Bild- und Wortgestaltungen spiegeln Ihre seelische Landschaft wider. Diese beinhalten Schlüssel zum tieferen Verstehen Ihrer Situation und Ihrer Entwicklungsmöglichkeiten. In einer Atmosphäre des Vertrauens kann nonverbal entstehen, was verbal nicht ausgedrückt werden kann, weil es z. B. angst- oder schambesetzt ist. Durch Texte, die für Sie im Wandlungszyklus der Trauer thematisch passend ausgewählt werden, können Sie Impulse aufgreifen und auf Ihre Art umsetzen. Mit geübter Wahrnehmung werden Ihnen Dualitäten, wie z. B. zarter oder kraftvoller Pinselstrich, feine oder grobe Materialien, klein strukturierte oder großzügige Raumaufteilung bewusst. Es können sich Ihnen Türen zu Symbolen öffnen und Interpretationen aufgrund gewählter Farben erschließen. Sie können sich von einer ganz neuen Seite entdecken, Neues und bisher Abgelehntes wagen, fehlende Seiten integrieren, kreativ mit Materialien und Farben experimentieren sowie neue Stärken und Quellen der Freude erleben.

Die schöpferischen Gestaltungen können Wegweiser sein, die Ihnen in Ihrer Trauer Orientierung geben. Auch hier gibt es kein »Richtig« und kein »Falsch«, und es geht nicht darum, etwas »schön« zu machen. Es geht vielmehr darum, aus Ihrem Innersten heraus etwas unzensiert entstehen zu lassen. Stoppen Sie Überlegungen, wie Sie etwas machen wollen, stoppen Sie Ihre inneren Fragen, warum Sie etwas wie gemacht haben, stoppen Sie Ihre Gedanken, ob Sie sich überhaupt »gehen lassen« dürfen. Lassen Sie geschehen, was geschehen will. Je unbefangener und unreflektierter Sie sich auf eine Gestaltungsübung einlassen, desto freier und freudiger kann Ihre schöpferische Kraft in Ihnen tanzen und springen. Es geht nicht primär darum, Antworten auf Ihre Fragen in Ihren Gestaltungen zu finden. Zunächst einmal geht es um den schöpferischen Gestaltungsakt an sich.

Schreiben

Schreiben ist, wie alle Gestaltungsarbeiten, ein kreativer Prozess, der in die Trauerarbeit unterstützend integriert werden kann. Durch das Schreiben werden oft verschüttete Fähigkeiten des Staunens, der Spontaneität, Intuition, Offenheit, Unbefangenheit und Lebendigkeit freigesetzt. Die sich in diesem Bereich entwickelnde Kreativität wird sich auf andere Lebensbereiche übertragen. Kreative Gestaltungen bringen Befriedigung, bereichern und stabilisieren das Leben. Sie geben Ihnen die Möglichkeit, zum Ruhen in sich selbst zu gelangen. Schöpferische Arbeiten machen Sie risikobereit, Ihre Individualität zum Ausdruck zu bringen und Ihrer vielschichtigen Persönlichkeit Gestalt zu geben. Die Fähigkeit zum kreativen Schreiben kann erlernt werden, wie so vieles andere. Vielleicht haben Sie es noch nie versucht.

Das Geschriebene unterliegt keiner Zensur. Empfindungen und Assoziationen können schnell und ohne lange zu überlegen, in spielerischer Art und Weise, fließen. Das Schreiben hilft dabei, den oft rigiden inneren Richter auszuschalten und Gefühle wie Wut, Anklage, Dankbarkeit oder Liebe frei zu äußern. Hierbei können bisher blockierte Empfindungen an die Oberfläche geraten.

Eine »Freudenbiografie« kann Sie daran erinnern, dass es in Ihrem Leben nicht nur Trauer gab. Sie können z. B. aufschreiben, welche Situationen vor Ihrem Verlust in Ihnen besondere Freude auslösten oder was Sie immer schon einmal tun wollten. Auf diese Weise gelangen Sie zu Ihren Quellen der Freude und unerfüllten Wünschen.

In gleicher Weise können Sie eine »Verlustbiografie« zusammenstellen. Sie können auf Situationen stoßen, die Sie bisher noch nicht ausreichend betrauert haben. Sie werden feststellen, dass Sie schon mehrere schwere Verluste erlebt haben. Aus der Distanz können Sie heute erkennen, dass frühere Verluste Sie haben wachsen lassen. Eine Verlustbiografie wird in Ihnen die Gewissheit stärken, dass sich auch die jetzige Zeit der Trauer wandeln wird. Sie, liebe Trauernde, können im Schreibprozess erkennen, was Sie in der aktuellen Verlustsituation erleichtert, welche Situationen Sie in der Vergangenheit ruhen lassen wollen und was Sie aus der Vergangenheit als Bleibendes und Wertvolles in Ihr aktuelles und zukünftiges Leben mitnehmen möchten.

Es wird Ihnen im Schreibprozess wie auch in den Gestaltungsarbeiten gelingen, Gefühle lebendig und leichter beschreibbar werden zu lassen. In einer Gesamtbetrachtung von Sprache, handelnden Personen, Situationsbeschreibungen und -entwicklungen lassen sich aus dem Geschriebenen Orientierungen für den Trauerprozess erkennen. In der metaphorischen Selbstdarstellung, z. B. als Tier, Baum oder Haus, können Sie auf überraschende – positive wie negative – Aspekte Ihrer Persönlichkeit stoßen, die Ihnen normalerweise nicht bewusst sind.

Musik

Musik ist besonders gut geeignet, Gefühle zu wecken. Sie unterstützt den Prozess, tief Liegendes an die Oberfläche zu holen. Die richtige Musikauswahl hilft, Kreativität und Intuition freizusetzen. Die präzisen Klangstrukturen, insbesondere der Barockmusik, sind durch ihre Ordnung geeignet, den Gefühlshaushalt eines aus der Balance geratenen trauernden Menschen wieder einzupendeln. Klassische Musik ist daher auch bei Ihrem Trauerprozess geeignet, Sie wieder in ein inneres Gleichgewicht zu bringen. Auch kann Musik in Ihnen Erinnerungen, innere Bilder, Geräusche oder Gerüche hervorrufen. Musik setzt eine Kraft frei, die Blockaden beiseite räumt und Gefühle wieder frei fließen lässt. Darüber hinaus reduziert sie Stress, motiviert, muntert auf, entwickelt Dynamik und hat heilende Wirkung. Musik aktiviert das Bewusste, wobei gleichzeitig das Unbewusste mit integriert wird, sie dringt in alle Ebenen des Gehirns vor. Mittels Imagination und Musik können Sie Gefühle wie Wut, Zorn, Zärtlichkeit, Schuld, Dankbarkeit und Liebe spüren und dabei Kräfte und Talente hervorbringen, die Ihnen bisher völlig unbekannt waren.

Mittels Musik können Sie eigenes kreatives Schaffen, z. B. durch Improvisieren auf Instrumenten, durch Komponieren oder durch

Stimmlaute und Klänge beim Singen in Gang setzen. Sie können sich Ihre eigene Klangwelt gestalten und neue Rollen experimentell erproben. Seien Sie mutig und hauen Sie auf die Pauke, stellen Sie verwundert fest, wie Sie sich zurücknehmen und geradezu schüchtern die Triangel anschlagen. Staunen Sie am meisten über sich selbst, was alles in Ihnen wächst und sich in Ihnen entfaltet. Kreieren Sie düstere Klagelieder, zarte Kinderweisen, bringen Sie ein kraftvolles Lachen hervor, lassen Sie sehnsuchtsvolle Träume und innige Zärtlichkeit entstehen.

Träume und innere Bilder

Träume haben eine komplementäre bzw. kompensatorische Funktion, wodurch auf subtile Weise die psychische Balance eines Menschen wiederhergestellt wird. Der Traum zeigt Schwachstellen der Persönlichkeit und Entwicklungen auf, enthält Warnungen und Handlungspotenzial. In die Träume fließt das aktuelle Tagesgeschehen ein. Die Trauerzeit kann eine Zeit sein, in der Sie verstärkt träumen. Vielleicht gelingt es Ihnen, Ihre Träume nach dem Erwachen festzuhalten, aufzuschreiben und über eine Deutung in Ihrem aktuellen Lebenszusammenhang nachzudenken. Ihre Träume enthalten nicht nur Anteile Ihres Unbewussten, sondern auch Archetypen, kollektive Bilder und mythologische Motive, deren Ursprung man nicht kennt, die jedoch jederzeit überall in der Welt, z. B. in Märchen, auftauchen. Aus Ihrem Innersten können ebenfalls spirituelle Erfahrungen hochkommen. Sie können von Träumen tief berührt werden. Träume können manchmal nahezu wie reales Geschehen erlebt werden. Diese Bilder werden durch Meditationen, bei bestimmter Musik oder bei anderen sinnlichen Außenreizen angeregt. In der Trauerzeit, in der in Ihnen besonders intensive innere Arbeit stattfindet, können innere Bilder besonders kraftvoll wirken und Ihnen Orientierung auf Ihrem weiteren Trauerweg geben. Ihre gemalten oder aufgeschriebenen Traumbilder bergen Aspekte, die sich Ihnen nicht sofort erschließen und Ihnen gar fremd erscheinen. Träume haben eine eigene Sprache, die sich Ihnen vielleicht erst nach und nach erschließt. Es ist sinnvoll, Träume aufzuschreiben, weil im Kontext mehrerer Träume ein aktuelles Thema und dessen Entwicklung eher sichtbar und verständlich wird.

Wie Träume eröffnen Imaginationen Fenster zum Unbewussten. Im Unterschied zu Träumen sind Imaginationen jedoch bewusst kontrollierte bildhafte, positive Vorstellungen. Hierbei können alle Sinne einbezogen werden. Geführte Imaginationen als Fantasiereisen können sich für Sie als hilfreich erweisen und Aufschluss über Ihre Wünsche und Bedürfnisse geben. Eine geführte Imaginationsreise, z. B. zu den Momenten und Umständen, in denen die Anwesenheit Gottes besonders spürbar war, stärkt Sie in Ihrer Gewissheit, auch weiterhin begleitet zu werden. Wenn Sie im wachen und bewussten Zustand z. B. einen Sommerspaziergang imaginieren, bei dem Sie über weiches, warmes Moos gehen, das Ihre Füße berührt, bei dem Sie den frischen Holzgeruch eines gerade geschlagenen Holzklafters einatmen und in luftigem Windhauch Schmetterlinge tanzen sehen, während unter dem strahlenden Blau des Himmels abseits durch die sumpfige Wiese ein Bächlein sich plätschernd seinen Weg sucht, dann werden all Ihre Sinne angesprochen. Ein Gefühl von Lebendigkeit erfasst Sie durch und durch.

3.

Eine Wegbeschreibung – das Konzept spiritueller Trauerarbeit in sieben Stationen in einem Wandlungszyklus

3.1 Anliegen und Wirkung

Das Konzept der sieben Stationen der Trauer in einem Wandlungszyklus sieht modellhaft die praktische Umsetzung spiritueller Trauerarbeit vor, um einen Verlust in das weitere Leben zu integrieren. Der gesamte Trauerprozess bekommt dadurch eine Struktur und Ordnung, wobei jede Station auf die vorhergehende aufbaut. Eine feste Struktur verleiht in einer Trauersituation, in der das Gefühl vorherrscht, den Boden unter den Füßen zu verlieren, Sicherheit und Halt.

Jede der sieben Stationen ist einer spezifischen Traueraufgabe gewidmet. Zunächst wird die jeweilige Traueraufgabe mit ihrem gesamten Themenkomplex und Wandlungspotenzial vorgestellt. Sodann werden die Möglichkeiten Ihrer Persönlichkeitsentwicklung stichwortartig skizziert. Diese Stichpunkte mögen Sie anregen, in sich hineinzuspüren und wahrzunehmen, an welchem Thema Sie vorrangig arbeiten wollen. Vielleicht ist es das, wo Sie bisher den größten Widerstand verspürten. Auch werden Ihnen mögliche spirituelle Erfahrungen dargestellt, um Ihnen das Gewahrwerden Ihrer Spiritualität zu erleichtern. Sie werden vielleicht ganz andere Erfahrungen machen oder sind sich unsicher, ob Sie überhaupt für spirituelle Erfahrungen geeignet sind. Der Wandlungszyklus in sieben Stationen der Trauer eröffnet Ihnen einen Rahmen, dem Göttlichen zu begegnen. Für spirituelle Erfahrungen bedarf es keiner Eignung, jedoch Geduld und Übung. Seien Sie somit nicht verzagt, wenn Ihnen die Gnade göttlicher Berührung nicht sofort geschenkt wird.

An die verschiedenen Traueraufgaben werden Sie behutsam herangeführt. Dabei kommen die schon vorgestellten integrativen Methoden und auch nonverbale Ausdrucksformen zur Anwendung. Das schöpferische Potenzial in Ihnen wird angeregt und freigesetzt. Jede spezifische Traueraufgabe erfordert Ihre Auseinandersetzung, Reflektion und Ihren persönlichen Ausdruck auf geistige Impulse in Ritualen sowie bei Leib- und Gestaltungsarbeiten. Sie erhalten Anregungen und kommen zu Klärungen. Sie erfahren aufgrund der unmittelbaren Wechselwirkung von Seele, Leib und Körper die Wirkung Ihrer Gedanken, Empfindungen und Handlungen, sowohl auf der geistigen als auch der körperlich-leiblichen Ebene. Seelische Klärungen haben körperliche Veränderungen zur Folge, so wie sich nachlassende körperliche Anspannung auf den seelischen Bereich entlastend auswirkt.

Der Wandlungszyklus in sieben Stationen der Trauer ist als eine Orientierungshilfe zu verstehen und wird in einem späteren Kapitel beispielhaft für die praktische Durchführung beschrieben. Da die Traueraufgaben in der Regel spiralförmig mehrfache und vertiefte Zuwendung und Bearbeitung benötigen und häufig eine spezielle Station eine ganz besondere Auseinandersetzung erfordert, sind u. U. themen- und zielorientiert weiterführende Impulse und Übungen erforderlich. Hier können Sie Ihre eigene Kreativität wirken lassen: Inspiriert durch den exemplarisch angeleiteten Zyklus können Sie bei Wiederholungen auch eigene Texte verwenden und ergänzende Übungen, die Ihnen guttun, entwickeln.

Sie erfahren im Wandlungszyklus der sieben Stationen der Trauer, Ihrer Trauer Ausdruck zu verleihen, Emotionen intensiv in einem geschützten dialogischen Rahmen zu erleben und aufgestaute Gefühle fließen zu lassen. In intensiver Selbsterfahrung kommen Sie mit ihrem Schmerz, tiefen Verletzungen, Ihren Verfehlungen und Versäumnissen, Ihren Licht- und Schattenseiten in Berührung, was oftmals schwer auszuhalten ist. In Ihrer Mitte angekommen erkennen Sie, welcher Boden Sie trägt und was Ihnen fehlt. Sie erlernen, sich selbst und andere anzunehmen, sowie sich und anderen zu verzeihen. Sie dringen zum Wesentlichen vor, Sie gelangen auf den Grund Ihres Seins. Mit innerer Freude spüren Sie mit neuer Energie Ihrer für Sie vorgesehenen Lebensaufgabe nach. Sie erleben sich als beschenkt und geben verhärtete Verhaltensmuster auf. Liebe und Wärme breiten sich in Ihrem Herzen aus. Sie können in Ihrem Leid einen Sinn entdecken, eine tiefere Dimension des Lebens erfahren und Ihr Schicksal annehmen. Sie nehmen neue Impulse wahr und erkennen Ressourcen und tragende Perspektiven. Sie können sich wieder aufrichten und neu ausrichten.

Die Verbindung von geistigen, körperlichen und kreativen Impulsen ermöglicht Einheitserfahrungen aus Momenten einerseits in Aktivität und andererseits in lediglich reinem Sein. Sie kommen zum Stillstand, halten inne und können allmählich Ihren Schmerz loslassen. Die kaum auszuhaltende innere, schwere Last verwandelt sich nach und nach in Leichtigkeit, und aus Versteinerung wird fließende Energie und Lebensfreude. Ihnen wird es gelingen, nach innerlicher Zerrissenheit wieder heil Ihr Lebensgeschenk neu anzunehmen. Sie haben erfahren, dass Sie auf dem inneren Weg nicht allein sind. Im Vertrauen auf Gott lernen Sie, das rechte Maß zu finden und sich nicht zu überfordern. Auch im Alltag gelingt es Ihnen, der Spiritualität einen besonderen Platz einzuräumen.

3.2 Struktur und Wirkelemente

Im Wandlungszyklus wird die spirituelle Trauerarbeit in sieben Stationen praktisch umgesetzt. Die Zahl »Sieben« wurde von mir bewusst im Hinblick auf die darin enthaltene Symbolik gewählt: Die »Sieben« wird als Zeichen der Ganzheit, der Fülle und Vollkommenheit verstanden. Nach antiker Vorstellung ergibt die Zahl der Planeten vermehrt um Sonne und Mond »sieben«, so dass die »Sieben« hier die Vollkommenheit des Universums zum Ausdruck bringt. Der Wandlungszyklus der Trauer mit sieben Stationen geht somit von der Vorstellung aus, nach Abschluss alle relevanten Prozesse in der Trauer erfasst zu haben, um eine Neuorientierung vollziehen zu können.

Die den einzelnen Stationen zugeordneten spezifischen Traueraufgaben wurden in eine Reihenfolge gebracht, die aus meiner Erfahrung am besten geeignet ist, sich den wesentlichen Prozessen zuzuwenden. Der Wandlungszyklus enthält die sieben Stationen der Trauer: gesehen – berührt – geschenkt – geliebt – gerufen und genährt – geträumt – gesegnet.

Erfahrungsgemäß lösen Themen der ersten Hälfte des Zyklus in Ihnen Betroffenheit aus. Ich erwähnte bereits, wie hilfreich es sich für Sie erweist, wenn Sie sich eines Menschen versichern, mit dem Sie das, was in Ihnen hochkommt, besprechen können, der Ihre Tränen sieht und Sie einfach in den Arm nimmt (vgl. 1.3.2).

Dem Thema »Selbst-Versöhnung« kommt eine zentrale Rolle in der Trauerarbeit zu, was der mittlere Platz des Zyklus symbolisiert.

Jeder Schwerpunkt enthält inspirierende, kreative und berührende Wirkelemente, die, sinnvoll in einen Ablauf eingebettet, das jeweilige Schwerpunktthema erfassen und begreifbar und erfahrbar machen, wie z. B.:

- Geistliche und literarische Textimpulse
- Musik- und Tonimpulse
- Rituale
- Leibarbeit und Gebärden
- Gestaltungsarbeit

3.3 Ein Arbeitsfeld aus Emotionen, verschütteter Trauer, Tränen und Widerstand

Sie werden im Wandlungszyklus der Trauer tief in sich hineinspüren. Dieses Nachspüren kann Zeit erfordern und starke Emotionen auslösen. Sie können dabei auf Trauerereignisse stoßen, die Ihnen nicht bewusst sind. Möglicherweise hat sich eine unbewältigte Trauer über die andere gelegt, so dass ein ganzer Trauerberg entstanden ist, in den die damit verbundenen Gefühle eingekerkert sind. Wenn dieser

Trauerberg gleich der Lava eines Vulkans ins Fließen kommt, können in Ihnen Tränenströme ausgelöst werden. Ihre Tränen sollten Ihnen keine Ängste bereiten. Heißen Sie sie willkommen und betrachten Sie sie als Zeichen Ihrer Lebendigkeit. Tränen lösen eine vorherige Erstarrung und lassen Sie weicher werden. Tränen reinigen und hinterlassen ein Gefühl von Erleichterung.

Sie werden möglicherweise zunächst mit Widerstand oder Abwehr auf Übungen und Aufforderungen reagieren, die Ihnen fremd oder gar unangenehm sind. Es kann sich Angst davor einstellen, sich den eigenen Gefühlen zu nähern. Nonverbale Kommunikation, wie in der Körper-Leibarbeit oder der Gestaltungsarbeit, kann ebenfalls Ängste auslösen. Sie können Sorge haben, wieder an konflikt- und schmerzhafte Situationen, schambesetztes Verhalten oder ins Unterbewusstsein verdrängte Situationen herangeführt zu werden. Auch kann für Sie zunächst das Schweigen in der Stille ungewohnt sein. Das Wahrnehmen der Abwehrvorgänge in Ihnen ermöglicht Ihnen jedoch einen besonderen Zugang zu Ihrer Trauer und Ihrem Erleben. Wenn Sie mit Ihrem Widerstand in Kontakt kommen und hinterfragen, woher er rührt, warum Sie mit Vorbehalten, ablehnend oder nur zögerlich auf dieses oder jenes Angebot reagieren, dann nutzen Sie die Chance, besondere Schlüssel zu Ihrem Innersten und zum Verständnis Ihrer selbst aufzugreifen.

Ihre Widerstände sind es wert, von Ihnen beachtet zu werden. Dennoch brauchen Sie nichts zu tun, was Ihnen widerstrebt oder wofür die Zeit noch nicht reif ist. Betrachten Sie die Übungen und Impulse in diesem Buch als ein Angebot. Es steht Ihnen frei, sich zu entscheiden, wie weit Sie den Einladungen folgen möchten. Es bleibt Ihnen überlassen, die Schritte zu gehen, die Ihnen im Moment möglich sind. Ein Sich-Einlassen kann bereits eine erste Hinwendung zu einer Verhaltensänderung darstellen. Bei allen Übungen und Gestaltungsarbeiten gibt es kein »Richtig« und »Falsch«.

3.4 Äußere Rahmenbedingungen

3.4.1 Der »richtige« Zeitpunkt

Den richtigen Zeitpunkt, Ihre Trauerarbeit mit diesem Buch zu beginnen, bestimmen Sie. Sie können sich dafür bereits zwei Wochen nach Ihrem Verlust oder auch erst zwei Jahre danach oder noch später bereit fühlen. Jeder Zeitpunkt, an dem Sie starten, ist der richtige.

3.4.2 Tagesstruktur

Feste Strukturen geben Ihnen Halt. Eine strukturierte, geborgene und geschützte äußere Atmosphäre überträgt sich auf Ihre inneren Prozesse. Gerade, wenn die innere Unruhe groß ist, ist die äußere Ordnung umso hilfreicher, um zur Klarheit zu gelangen und zum Wesentlichen vorzudringen. Die Tagesstruktur des Wandlungszyklus der Trauer lehnt sich an das Klosterleben und der Ordens- und Lebensregel der Benediktinermönche – »Ora et labora – Bete und arbeite« – an. Die praktischen Übungen der Trauerarbeit einer Station sind vier Tagesmodulen (morgens, vormittags, nachmittags, abends) zugeordnet (vgl. auch Einleitung im separat erhältlichen Arbeitsheft).

3.4.3 Integration in den Alltag

In der Einleitung zum Arbeitsheft finden Sie Hinweise, wie Sie die Übungen des Wandlungszyklus der Trauer in Ihren Alltag integrieren können. Auch werden Sie am Ende darauf vorbereitet, Ihre spirituelle Trauerarbeit ohne Begleitung selbstständig in Ihrem Alltag fortzuführen.

3.4.4 Der »richtige« Ort

Aus den vorherigen Ausführungen ist deutlich geworden, wie wichtig die Stille für spirituelle Trauerprozesse und mystische Erfahrungen ist. Hilfreich sind Orte und Einrichtungen, die zuverlässig einen geschützten, ruhigen Rahmen bieten und wo die Möglichkeit besteht, sich von Spiritualität tragen zu lassen. Ein solcher Ort fördert den Prozess des Zur-Ruhe- und Bei-sich-Ankommens, der Neuorientierung und Sinnfindung und der Verwandlung von Versteinerung in lebendige Hingabe an Gott. Es gibt viele Klöster, in denen man eine Weile im Rückzug leben und stützende Gespräche in Anspruch nehmen kann. Ein Ort außerhalb Ihres normalen Lebens unterstützt Sie in dem Bewusstsein, etwas Wesentliches für sich zu tun. Sie schicken Ihre übliche Geschäftigkeit und Nützlichkeit in den Urlaub und wenden sich ausschließlich Ihrem auf Sie wartenden Inneren zu.

Sie brauchen nicht zu fürchten, dass Ihnen die Zeit an einem stillen Ort nur Entbehrung, Askese und Verzicht abverlangt. Nach einer kurzen Zeit des Umgewöhnens werden Sie diese Lebensform genießen, mit veränderter Wahrnehmung aus der Fülle um Sie herum schöpfen und in großer Wachheit Ihr Gefäß füllen.

Ein landschaftlich schöner Ort nimmt Sie mit Empathie, Verständnis und Wärme auf. Gartenanlagen ermöglichen Ihnen Leib- und Atemarbeit auch im Freien. Eingebettet in eine wunderbare Natur wird es Ihnen leicht fallen, das Göttliche darin zu erkennen.

Mit etwas Improvisationsvermögen kann ich mir auch vorstellen, dass Sie den Wandlungszyklus der Trauer als Pilgerweg praktizieren.

3.4.5 Naturnähe

Landschaft und Natur beeinflussen den Trauerprozess positiv, so dass ein Ort in schöner Landschaft oder mit Nähe zur Natur die spirituelle Trauerarbeit fördert. Es gibt Menschen, für die die Natur eine besondere Kraftquelle darstellt und für die in ihr die Schönheit der göttlichen Wirklichkeit erkennbar wird. Gerade in der Natur zeigt sich deutlich der Kreislauf des Lebens, im zarten Werden, in glühender farbiger Hingabe und praller Reife, in müdem Abfallen und erleichtertem Lösen, im lichten Kahlwerden und Absterben. Die Natur folgt dem Prinzip »Stirb und Werde«. Im Zusammenwirken aller Prozesse, sei es im menschlichen Körper, auf unserem Planeten oder im gesamten Gefüge des Kosmos, offenbart sich das Wirken Gottes. Die Natur zeigt sich Ihnen als Spiegelbild von hellen und dunklen Seiten. Immer wieder ist die Natur in der Lage, Selbstheilungskräfte zu aktivieren.

Sie werden durch die Natur motiviert, sich selbst Wachstumsprozessen zu öffnen und wie die Natur Gaben und Talente absichtslos aus sich selbst heraus zu leben und zu verschwenden. Die Rose blüht ohne ein »Warum« und weiß, wann ihre Zeit vorüber ist, um in dunkler Erde geduldig zu neuer Schönheit zu reifen. Die Natur macht uns staunend und still. Die Natur lehrt Demut und Dankbarkeit und zeigt, dass wir einzigartig geschaffen und Teil der Schöpfung sind. Die Natur lässt Sie sich in einer viel größeren Ordnung aufgehoben fühlen. Spüren Sie die Natur mit all Ihren Sinnen: die Wärme der Sonne auf Ihrem Gesicht, den kühlenden Regen auf Ihrer Haut, das Moos unter Ihren Füßen, saugen Sie den Duft der Weiden und Wiesen ein, berühren Sie die zerfurchte Rinde der Baumstämme. Die Natur ist Spiritualität: Regen, Sonne, Wolken, Wind, Kornfelder, Bäume, Pflanzen, Hitze, Kälte, Tiere, Wasser.

3.4.6 Wandlungstagebuch

Sie befinden sich in einem wichtigen Lebensabschnitt und haben sich als großes Ziel gesetzt, Ihre Trauer zu verwandeln.

Ich empfehle Ihnen zusätzlich zum Arbeitsheft, ein Wandlungstagebuch zu führen. Dieses Tagebuch ist ein erstes sichtbares Zeichen Ihrer Trauerverarbeitung. Sie werden es besonders liebevoll auswählen. Es wird den Schatz Ihrer Erkenntnisse und Erfahrungen hüten. In Zeiten des Zweifelns und des Stillstands werden Sie beim Blättern daran erinnert, dass Sie schon Dürrezeiten durchstanden haben. So wird Ihr Wandlungstagebuch zu einer zusätzlichen Quelle der Ermutigung und Stärkung auf Ihrem Trauerweg.

3.5 Die sieben Stationen des Wandlungszyklus der Trauer

3.5.1 Station 1: GESEHEN – Den Trauerschmerz sichtbar machen

Trauerbearbeitung

Es steht Ihnen eine stützende Solidargemeinschaft mit anderen Trauernden, die Ihre Trauer sieht und wahrnimmt und Sie auch ohne Worte versteht, nicht zur Verfügung. Sie können sich jedoch in Gedanken mit vielen anderen Menschen verbunden fühlen, die sich auch in Trauer befinden. Sie können sich auf einer starken Woge von Mitgefühl, Anteilnahme und Verständnis getragen wissen. Dieses Gefühl, nicht allein zu sein, soll Ihnen Kraft schenken, sich Ihrem Schmerz zu stellen.

Wenn Sie sich in Ihrem gewöhnlichen Lebensalltag bisher zusammengerissen und Emotionen unterdrückt haben, um Ihren Mitmenschen keine Sorge zu bereiten und um zu funktionieren, so sind Sie an dieser Station eingeladen, unverfälscht und unbeschönigt so zu sein, wie Ihnen zumute ist. Diese Station lädt Sie ein, sich Ihrem Leid und Ihrer Wunde zuzuwenden und Ihre Schmerzen und Verletzungen anzuschauen. Auch wenn im Moment kein äußeres Gegenüber Ihre Trauer sieht: Sie selber sehen sich Ihre Wunde und das ganze Ausmaß Ihrer Trauer an. Sie spüren in sich hinein und werden sich Ihrer Versteinerung und Verhärtung bewusst, Sie nehmen Ihre grenzenlose Verzweiflung wahr. Bevor Sie Ihre Trauer umwandeln, sehen Sie mit klarem Blick und nüchterner Erkenntnis Ihre eingestürzten Lebensvorstellungen, Träume und Hoffnungen an. Sie erkennen Ihre Hilflosigkeit, Sie nehmen sich in Ihrer Schwäche und Unsicherheit liebevoll an.

Sie verfallen nicht in Selbstmitleid und Hoffnungslosigkeit. Sie nehmen die Einladung an, den Schmerz, den Sie innerlich spüren, äußerlich sichtbar zu machen. Vielleicht macht er Sie sprachlos und Ihnen fehlen die Worte. Sie lassen sich ermutigen, Ihrer Sprachlosigkeit, Ihrer Ohnmacht, Ihrem unermesslichem Leid und Schmerz eine Gestalt zu geben.

Eine innere Kraft lässt Sie aus Ihrer Lähmung aufstehen und sagen: »Ja, ich habe einen riesigen Schmerz erlitten. Er durchzieht jede Faser meines Seins. Er ist unermesslich groß. Auf vielfältige Weise sehe ich meinen Schmerz an und ich akzeptiere ihn. Er ist nicht mehr ein diffuses, zerstörerisches, böses Irgendetwas, sondern mein Schmerz und meine Trauer werden zu einem herausfordernden, sichtbaren Gegenüber, mit dem ich in einen Dialog treten kann.«

Spirituelle Erfahrung

Im Schweigen und Meditieren erkennen Sie, was an Schmerz und Unerledigtem in Ihnen aufsteigt. Vor Gott brauchen und können Sie sich nicht verstellen. Sie sitzen ohne Schutz und doppelten Boden vor Gott. Es kann sein, dass Sie kaum noch fähig sind, sich selbst zu spüren. Sie sind niedergeschlagen und verzweifelt und fühlen sich allein und verlassen. Ihnen wird bewusst, dass Gott auch diese Empfindungen kennt und Ihr Leiden sieht. In Ihrer Schutzlosigkeit begeben Sie sich in seine Hand. Sie tragen alle Ängste und Traurigkeit vor Gott. Ihm können Sie sich in Ihrer Verletztheit zeigen. Er sieht Sie in Ihrem Schmerz. Sie erfahren, dass Gott bei Ihnen ist und Sie nicht verlässt. Sie sind nicht allein. In tiefster Einsamkeit können Sie sich für eine Beziehung zu Gott öffnen und Ihre Einsamkeit als kostbar für einen Beziehungsaufbau zu Gott erfahren.

Aspekte der Persönlichkeitsentwicklung

- Überwindung von Hemmungen
- Entwicklung der Fähigkeit, sich auf Neues einzulassen
- Entwicklung von Mut und Risikobereitschaft
- Entwicklung der Fähigkeit, Gedanken in die Tat umzusetzen
- Zentrierung, Förderung von Konzentration und innerer Sammlung

- Arbeit mit Gefühlen und Widerstand
- Wahrnehmung von Bedürfnissen
- Bewusstsein über die eigene Identität
- Körperwahrnehmung, Körperselbstdarstellung und Zu-sich-Stehen
- Wahrnehmung von Mustern auf einer seelisch-geistig-körperlichen Ebene
- Stressabbau
- Förderung der Ausdrucksfähigkeit des körperlich-seelischen Zustandes
- Selbstwahrnehmung
- Schwachheit zulassen und ihr Ausdruck geben
- Zulassen von Unbewusstem, Chaos
- Entwicklung von Selbstwertgefühl
- Stärkung des Selbst-Vertrauens

3.5.2 Station 2: BERÜHRT – Den Trauerschmerz spüren und erleben

Trauerbearbeitung

Diese Station lädt Sie ein, wieder mit ihren Gefühlen in Kontakt zu kommen. Sie werden ermutigt, Ihre vielfältigen Gefühle authentisch und ohne Bewertung von »Richtig« und »Falsch« zuzulassen. Sie können Freude, Liebe, Dankbarkeit, aber auch Wut Ausdruck verleihen. Möglicherweise konnten Sie sich bisher nicht erlauben, widersprüchliche Gefühle und Aggressionen wahrzunehmen und auszudrücken. Durch sensibilisierte Wahrnehmung erkennen Sie Differenzierungen in Ihrem Gefühlschaos. Sie bemerken, dass ein Gesamtgefühl aus vielen einzelnen Gefühlen besteht. In die Traurigkeit mischen sich andere Gefühle, wie z. B. Angst, Verlassenheit, versteckter Zorn, Enttäuschung, Dankbarkeit, Versagen und Schuld.

Es reicht nicht aus, Ihre Gefühle nur sichtbar zu machen. Die Gefühle müssen bis auf den tiefsten Grund Ihres Inneren gelangen. Es ist notwendig, alle mit Ihrem Schmerz verbundenen Gefühle noch einmal zuzulassen und zu spüren, um sie verabschieden zu können. Dazu ist es notwendig, die Schutzhülle der Erstarrung und Versteinerung aufzubrechen.

Sie mögen bisher Ihren Schmerz isoliert haben und funktionieren bei der Verrichtung ihrer Aufgaben. Auf diese Art und Weise vermeiden Sie es, Ihren Schmerz zu spüren. Durch dieses Verhalten schneiden Sie sich jedoch gleichzeitig von Ihren Gefühlen ab und leben »mechanisch«, d. h. ohne innere Beteiligung und Empfindung. Dieses Verhalten war für Sie notwendig, um zu »überleben«, was jedoch mit »leben« aus der Fülle des Lebens wenig zu tun hat. Sie funktionierten in der Art eines Roboters.

Bei genauer Wahrnehmung Ihrer Gefühle können überraschend auch frühere unbetrauert gebliebene Verlustereignisse aufgespürt werden. Sie merken plötzlich, dass Ihre Tränen einem lange zurückliegenden Verlust gelten. Durch Ihr Hinschauen und Spüren werden Ihre sorgsam errichteten Blockaden und Mauern langsam gesprengt und durchlässig, so dass Ihre eingesperrte Trauer zum Fließen kommt. Sie dürfen sich über Ihre Tränen freuen. Nach langer Zeit der Einkerkerung bahnen sich Ihre Tränen einen Weg an die Oberfläche. Freuen Sie sich, heißen Sie Ihre Tränen willkommen. Ihre Tränen verschaffen Ihnen Erleichterung, nehmen Druck, sie dienen der Reinigung und lösen die Anspannung. Dazu sind häufig überholte Konditionierungen und Hemmungen zu überwinden. Sie fühlen sich noch lange nicht heil, aber Sie erleben sich wieder als einen Menschen mit Gefühlen. Sie nehmen sich wieder als einen lebendigen Menschen wahr.

Spirituelle Erfahrung

In der Bibel bringen Menschen nicht nur ihren Dank, sondern auch ihre Bitten, Klagen und Anklagen vor Gott. Wer trauert, darf mit Gott ins Gericht gehen, darf sich auflehnen und zu Gott schreien: »Gott, warum hast Du mich verlassen?« Sämtliche Wut, warum ER etwas geschehen lassen konnte, kann herausgelassen werden. »Warum hast Du mir meinen geliebten Menschen genommen? Warum bin gerade ich krank? Warum bin ich aus meiner Heimat vertrieben? Warum lässt Du, Gott, es zu, dass meine Arbeit vernichtet wird, Träume zerstört werden und meine Hoffnungen zerbrechen? Warum führst Du mich nicht aus der Krise? Wo bist Du? Hörst und siehst Du mich nicht?«

Vor Gott darf ich sein, wie ich bin. Ich darf weinen, mich als hilfloses Kind nach bedingungslosem Angenommensein, Wärme, Liebe und Trost sehnen. In diesen Momenten, in denen starke Emotionen unsortiert hervorbrechen und inneres Chaos erlebt wird, können Sie Gott ganz nahekommen. Wenn Sie sich von Gott berühren lassen, wird sich Ihr Herz öffnen und Wärme und Weichheit hineinfließen. Durchdrungen von Gott wird Ihre Seele ent-wickelt und es kommt zur Klärung und Klarheit. Dann, wenn alles herausgebrüllt und vor Gott hingeworfen ist, ist sie leer und matt. In dieser Leere können Sie Gottes Berührung und Wirkkraft zur erneuten Aufrichtung erfahren.

Aspekte der Persönlichkeitsentwicklung

- Stressabbau
- Zentrierung
- Aktivierung von Sinneswahrnehmung
- Körperwahrnehmung
- Umgang und Ausdruck mit intensiven Gefühlen
- Zulassen von Unbewusstem
- Wahrnehmung von unterdrückten und bisher sich nicht erlaubten Gefühlen
- Wahrnehmung von eigenen Schattenseiten und Ressourcen
- Entäußerung und Entlastung von angestaute/r/m/n Wut/Ärger/Aggressionen
- Erinnerungsarbeit
- Wahrnehmung von positiv sowie belastend erlebten Ereignissen
- Wahrnehmung und Klärung von Ambivalenzen

- Überwindung von Gestaltungsängsten
- Förderung der Kreativität und Ausdrucksfähigkeit
- Entwicklung von Selbstwertgefühl
- Wahrnehmung von Verhaltensmustern und Konditionierungen
- Stärkung von Authentizität

3.5.3 Station 3: GESCHENKT – Den Verlust akzeptieren und Bleibendes wahrnehmen

Trauerbearbeitung

Diese Station lädt Sie ein, eine Lebensrückschau und Lebensbilanz vorzunehmen. Dabei kommen Sie mit der Zeit vor Ihrem Verlust in Kontakt. Sie erkennen, dass Ihr Leben außer Ihrem aktuellen Verlust schon andere Verluste aufweist. Ihnen wird bewusst, dass sich im Leben Phasen von Freude und Trauer, Leichtem und Schwerem ablösen.

Die Wahrnehmung der Lebenspolaritäten ermöglicht Ihnen die Erkenntnis, dass letztlich gerade diese das Leben ausmachen. Sie erkennen, dass Freude und Trauer zusammen eine Einheit bilden: Wenn ich keine Freude mit weit geöffnetem Herzen verspürt habe, kann ich auch die Schwere und Ohnmacht der Trauer nicht erleben. Die Lebensrückschau lässt Sie erkennen, dass ein Verlust nicht alles auslöscht, sondern dass er zu Entwicklungen anregt und neue Erfahrungen ermöglicht.

Sie nehmen aus einer Zuschauerposition heraus Ihr Lebensbild wahr. Sie sehen, dass die Trauer um einen Verlust auch eine kraftvolle Energie auslösen kann und dass etwas bleibt, das als Kraftquelle in Ihr weiteres Leben integriert werden kann. Diese Betrachtung bewirkt Ruhe und Trost und es können sich bei Ihnen erste Zeichen neuer Zuversicht einstellen. Es wird möglich, das Bleibende zu erkennen und den Verlust als Realität zu akzeptieren.

Auch lässt die Erinnerung an den Verlust bei Ihnen erste differenzierte Betrachtungen zu. Was genau war bereichernd? Was gab es andererseits vor dem Verlust für Beschwerlichkeiten oder gar Hindernisse? Was haben Sie delegiert, was haben Sie nicht gelebt, was konnten und durften Sie nicht leben? Es kann sich bei Ihnen ein erster Hoffnungsschimmer einstellen, dass sich durch Ihre eigenständige Trauerarbeit mit diesem Buch bisher verschlossene Türen öffnen.

Spirituelle Erfahrung

Häufig wird ein bittendes Stoßgebet ausgesprochen, wenn im Leben etwas nicht nach Wunsch verläuft. Ihre augenblickliche Trauersituation macht Ihnen bewusst, dass alles, was Ihnen zufällt, nicht aus Ihnen selbst kommt, sondern der Gnade Gottes zu verdanken ist. Sie erkennen, dass Ihnen gerade Krisen und dunkle Zeiten bereichernde Erfahrungen geschenkt haben.

Sie können »Ja« sagen zu Ihrem Leid, zu Zerbrochenem und Verlorenem, mit der inneren Haltung: »Dein Wille geschehe«. Sie erkennen, dass auch bei größtem Verlust nicht alles verloren ist, sondern dass etwas bleibt. Auch nehmen Sie wahr, dass es durchaus Aspekte gibt, von denen Sie sich gern lösen.

In christlichem Verständnis ist erst durch Christi Tod die Auferstehung in ein verändertes Leben möglich geworden. Sie erfahren, dass das Bleibende Sie stärkt und Ihnen neue Kraft und Hoffnung gibt. In Ihrem alltäglichen Leben erleben Sie schon jetzt nach Ihrem Verlust Auferstehung, indem Sie vom niederwerfenden Kummer aufstehen und sich wieder aufrichten.

Aspekte der Persönlichkeitsentwicklung

- Erinnerungsarbeit, Abschied
- Bewusstsein von gemachten Erfahrungen und gelebten Beziehungen
- Wertschätzung eines gelebten Lebensabschnitts
- Wertschätzung eines verlorenen Menschen
- Erkennung von Störungen während der Erinnerungsarbeit

- Selbstwahrnehmung aus einer Zuschauerposition
- Bewusstwerdung eigener Rollen
- Wahrnehmung von unterstützenden, tragenden und defizitären Erfahrungen
- Bewusstwerdung von Bleibendem
- Wahrnehmung von Erleichterungsaspekten – von Ambivalenzen
- Realisierung des Verlustes
- Loslassen von überholten Verhaltensmustern
- Übernahme von Selbstverantwortung
- Förderung der Neuorientierung

3.5.4 Station 4: GELIEBT – Sich öffnen für Selbstannahme und Versöhnung

Trauerbearbeitung

Diese Station lädt Sie ein, sich mit sich selbst und anderen zu versöhnen. Oftmals blockieren heftige Schuldgefühle, Ambivalenzen und unerledigte Konflikte eine Weiterentwicklung im Trauerprozess.

Die Betrachtung von eigenen Schattenseiten, der eigenen Unvollkommenheit und des wiederholten Scheiterns kann Sie in eine tiefe Erschütterung bringen. Dort, wo Sie sich zerrissen und unausgesöhnt fühlen, ziehen Sie sich lieber zurück, ohne eine lebendige Auseinandersetzung zu suchen. Die Fragen: »Was verhärtet mich innerlich? Wen oder was kann ich nicht annehmen? Wo hindere ich mich? Wo schade ich mir? Wo verkenne ich die Realität? Wo verletze ich mich und andere? Was kann ich mir nicht vergeben? Was benötige ich, um mir oder anderen verzeihen zu können?« sind jedoch notwendig für den inneren Klärungs- und Reinigungsprozess und das Zulassen weiterer Trauerarbeit. Wenn Ihnen Vergebung schwerfällt oder unmöglich erscheint, ist es bedeutsam, den Fragen nachzugehen: Gibt es Eigenanteile am Geschehen durch Ablehnung von Verantwortung, durch Stolz, Eitelkeit oder anklammerndes Verhalten? In diesem Prozess spüren Sie Ihre inneren Antreiber, Glaubenssätze und verletzten

Bedürfnisse auf, die sich nunmehr als überholt und hinderlich erweisen. Das Aufspüren und Loslassen von Schuldgefühlen ist notwendig, damit Sie sich selbst und anderen vergeben können.

Die Auseinandersetzung mit dem Schatten erfordert von Ihnen Mut und stellt eine große Herausforderung dar. Sie führt jedoch zu innerer Stärke und Lebendigkeit und eröffnet Ihnen einen Zugang zu neuen Aspekten Ihrer Persönlichkeit. Durch Selbst-Annahme und Selbst-Liebe wird der Weg zur Versöhnung bereitet. Erst das Annehmen Ihrer Schattenseiten führt zur Selbst-Annahme, so wie Sie sind und nicht dahin, wie Sie sein sollten oder wie Sie sich Ihr Bild von sich selbst erschaffen haben.

Dieser Weg von der Selbsterkenntnis zur Selbstannahme verschafft Ihnen Entspannung. Sie können das belastende Paket Ihres Selbstbildes loslassen, Erleichterung spüren und Versöhnung zulassen.

Spirituelle Erfahrung

In den Meditationen kommen Sie sich selbst näher und erkennen, dass Verfehlungen und Versäumnisse zum Menschsein dazugehören und dass das menschliche Zusammensein Leiden schafft, das immer wieder Versöhnung und Verzeihen erfordert. Sie können verletzendes und unzulängliches Verhalten Gott vorhalten und ihn um Vergebung bitten, damit er es wandle und heile. Sie zerfleischen sich nicht mit Selbstvorwürfen und Schuldgefühlen.

Bei Gott geht es nicht darum, perfekt zu sein, alles richtig zu machen und sich zu beweisen. Sie können Unperfektes, Unzulängliches und Verfehltes Gott übergeben und Ihren Anspruch an sich selbst loslassen. Sie mögen Ihre Antreiber in früherer Zeit benötigt haben, um sich der Liebe oder Anerkennung Ihrer Bezugspersonen durch Anpassung und hohe Leistung zu versichern. Dieses zum damaligen Überleben nötige Verhaltensmuster benötigen Sie nun nicht mehr. Sie sind der bedingungslosen Liebe Gottes sicher. Bei Gott wissen Sie sich jederzeit angenommen. Bei ihm darf alles sein. Gott verurteilt Sie nicht ob Ihrer Schwächen, Ihres Strauchelns und Verfehlens.

Wenn Gott Ihnen vergibt, können Sie sich auch selbst vergeben. Bei ihm kann alles geschehen; er lässt seine schützende Hand nicht von Ihnen. Ihnen wird bewusst: Ich bin Gottes geliebte Tochter. Ich bin Gottes geliebter Sohn. Das, wonach Sie sich immer sehnten, ist bereits gegenwärtig. Sie erkennen Gott als die größte Quelle unversiegbarer Liebe und gelangen zu innerer Ruhe. Sie erfahren: »Ich bin liebens-würdig.« und haben die Gewissheit: »Gott hat mich gewollt und nach seinem Ebenbild geschaffen. Er erwartet nichts Unmögliches von mir. Er verzeiht mir alle Schwächen und weist mich niemals von sich.«

Aspekte der Persönlichkeitsentwicklung

- Erkennen von Anpassungsverhalten
- Wahrnehmung eines rigiden Über-Ichs, Ich-Stärkung
- Wahrnehmung von Ängsten und Antreibern
- Auseinandersetzung mit Schattenseiten
- Loslassen von unheilvollen Selbstbildern und Erwartungshaltungen
- Erkenntnis von Bedürfnissen bzw. Bedürfnisverletzungen
- Übernahme von Selbstverantwortung
- Förderung von Selbstannahme und Versöhnung
- Erkennen des Selbst-Wertes
- Entspannung
- Stabilisierung und Entwicklung von Identität und Authentizität.

3.5.5 Station 5: GERUFEN und GENÄHRT – Kraftquellen und Ressourcen erkennen

Trauerbearbeitung

Diese Station lädt Sie ein, sich Ihrer Kraftquellen und Ressourcen für Ihre neue Lebensausrichtung zu besinnen. Sie sind bisher überwiegend mit Ihrem Verlust, Schmerz und Ihrer Unzulänglichkeit konfrontiert gewesen. Jetzt sind Sie eingeladen, sich ganzheitlicher wahrzunehmen. Sie erkennen, dass Sie mehr sind als Ihr Verlust und Ihr Schmerz.

Es kommen in Ihnen Fragen hoch: »Wer bin ich? Was macht mich aus?« Sie beginnen, nach dunklen Zeiten von Schmerz, Gefühlschaos und Selbstvorwürfen wieder mit Ihren positiven Anteilen in Kontakt zu kommen. Nachdem Sie zuvor verzweifelt in alle Richtungen ausschlugen, pendeln Sie sich jetzt in Ihrer Mitte ein und kommen zur Ruhe. Sie sehen sich, hören sich, begreifen sich und spüren immer wieder: »Ich bin.« Sie verlassen die Vergangenheit, in der Sie sich zuletzt überwiegend aufhielten. Sie wenden sich dem Gegenwärtigen zu und spüren die Einmaligkeit des Augenblicks.

Sie setzen sich mit sich und Ihrem tragenden Boden bewusst auseinander und gehen Fragen nach: Was ist mein Potenzial, was ist mir in der Vergangenheit gelungen, was kann ich wieder zum Leuchten bringen? Welche Talente kann ich neu ausgraben und entdecken? Was liegt in mir brach, was kann ich zum Leben erwecken? Sie begegnen sich mit liebevollem Blick. Sie wissen, was Sie können, ohne dass Sie es bisher wagten, Ihr gesamtes Potenzial zu zeigen. Sie wissen, was an Ihnen geschätzt wird. Sie können sich vornehmen, in nächster Zeit ganz bewusst auf das zu achten, was Ihnen von Ihren Mitmenschen positiv signalisiert wird. Vielleicht erfahren Sie völlig neue, unerwartete Aspekte Ihrer Person und gehen diesen Hinweisen nach. Es ist Ihnen bewusst, dass es nicht darum geht, Ihre Lichtquellen in falscher Bescheidenheit abzuschalten und sich klein zu halten. Sie haben Ihre Unzulänglichkeiten und Schwächen angenommen. Ebenso können Sie jetzt Ihr positives Potenzial dankbar als Geschenk für sich und zum Wohle der Gemeinschaft annehmen.

Es gibt für Sie viel zu entdecken und auszugraben. Sie erlangen Klarheit darüber, von welchen Werten Sie getragen werden, welche Menschen Ihnen als Vorbilder dienen und welche Menschen verlässlich für Sie vorhanden sind. Nach Ihrem Verlust sind Sie auf der Suche nach einer neuen Identität. Das, was überholt ist und Ihnen in der Vergangenheit geholfen hat, können Sie nun getrost hinter sich lassen.

Hindernisse, die Sie bisher umgangen haben, können Sie nun überspringen. Neue oder ungelebte Seiten können ins Leben gebracht und ausprobiert werden.

Spirituelle Erfahrung

Sie spüren tief in Ihrem Inneren:

»Gott hat mich gerufen. Ich kann mich vor ihm nicht verstecken. Er hat von Anfang an an mich gedacht und mir eine Lebensaufgabe zugedacht. Ich will so werden, wie ich von Gott angelegt bin. Dazu hat er mir an Begabungen und Fähigkeiten alles mitgegeben, was ich benötige.

Ich habe alles in mir, wenn ich es nur wahrnehme. Ich will auch meinem verborgenen Potenzial ins Leben verhelfen. Jeder Mensch ist in seiner Anlegung einmalig und kostbar nach dem Ebenbild Gottes geschaffen. Spiele ich nur eine Rolle oder lebe ich wirklich aus mir selbst heraus? Ich will eine Antwort finden. Es geht nicht darum, was ich für andere leben soll und wie andere mich sehen wollen, sondern es geht darum, zu meiner von Gott gewollten Identität zu gelangen. Ich will mich selbst leben, anstelle von außen gelebt zu werden. Ich werde das, was Gott mit mir vorhat, zum eigenen Wohl und dem der anderen einsetzen.«

Aspekte der Persönlichkeitsentwicklung

- Selbsterfahrung und Wahrnehmung von Licht- und Schattenseiten
- Zentrierung
- Loslassen
- Entwicklung von Mut und Risikobereitschaft
- Wahrnehmung von Grundüberzeugungen
- Wahrnehmung von Werten und Prioritätensetzung
- Anerkennung von Gelungenem, Anerkennung eigener Qualitäten

- Wahrnehmung von Kraftquellen und Widerständen
- Wahrnehmung von unbekannten und beängstigenden Aspekten
- Förderung von Stabilität
- Verbindung zu inneren Ressourcen
- Wahrnehmung von unterstützenden und behindernden Personen
- Bereitschaft zur Aktivierung verborgenen Potenzials
- Wahrnehmung eigener Grenzen
- Selbst-Vertrauen und positive Neuausrichtung
- Erprobung neuer Seiten, Identitätsentwicklung

3.5.6 Station 6: GETRÄUMT – Eigener Lebensspur und Lebensaufgabe folgen

Trauerbearbeitung

Diese Station lädt Sie ein, einen veränderten Lebenssinn zu erkennen. Sie haben Ihren Schmerz sichtbar gemacht, ihm Ausdruck verliehen, Überdauerndes wahrgenommen, den Versöhnungsprozess mit sich selbst und anderen begonnen und Ihr Potenzial wahrgenommen. Jetzt gilt es, diese Erfahrungen und Lebensmöglichkeiten in einen veränderten Sinnzusammenhang zu bringen.

Sie können sich jetzt nicht mehr hinter Geschäftigkeit und Sorge für andere verstecken. Sie nehmen nun Ihre Eigenverantwortung für Ihr Leben wahr und nehmen Ihr Leben in die Hand. Sie sind in der Lage, ihr Leben nüchtern anzuschauen, wie es ist und nicht, wie es sein sollte. Sie können Illusionen und überholte Verhaltensmuster aufgeben und sich neu ausrichten.

Sie betrachten Ihre Lebensspur und setzen sich mit Fragen auseinander, wie: »Was sind meine Werte, meine wesentlichen Bedürfnisse, wohin geht meine Sehnsucht, was gibt meinem Leben einen Sinn, was tut mir gut, wo brauche ich Raum, was kann bzw. muss ich mir selber erlauben, wo Erlaubnis von anderen einfordern? Wo, in welchen Situationen, mit welchen Menschen verliere ich Lebensenergie? Was beflügelt meine Seele, wobei fühle ich mich ganz leicht, was ängstigt mich, wo bzw. warum verhindere ich mich, wie komme ich zu einer Lebensbalance, wo lebe ich mit angezogener Handbremse, was ist unvollendet, was wurde mir als Vermächtnis hinterlassen, gibt es einen roten Faden in meinem Leben, was ist meine Lebensaufgabe?«

Sie erinnern sich an verschüttete Träume und daran, wie Sie von Gott angelegt sind. Es kann sich in Ihrem Namen eine Aufgabe verbergen, nach der Sie Ihr Leben ausrichten können. Eine Auseinandersetzung mit dem eigenen Namen kann hilfreich sein, um sich der Bedeutung des Lebensweges und der Lebensaufgabe bewusst zu werden.

Diese Station weckt Ihre Inspiration und vermittelt Ihnen neue Lust auf das Leben. Sie nehmen am Horizont unbekannte Chancen und Herausforderungen wahr. Sie sehen, auf welche Netzwerke Sie zurückgreifen können. Sie entdecken Möglichkeiten persönlicher Entfaltung und beginnen, ein verändertes Zukunftsbild vor sich auszumalen. Sie begeben sich auf den Weg zu Ihrer wahren Identität.

Spirituelle Erfahrung

Vielleicht wollten Sie den Ruf Gottes in Ihrem Inneren nicht hören. Sie taten bisher alles, um ihm zu entkommen. Sie liefen in eine entgegengesetzte Richtung oder flüchteten in Geschäftigkeit. Jetzt spüren Sie, dass Sie vor Gott nicht weglaufen können. Vielleicht können Sie das Göttliche nicht aushalten und brauchen Rückzug, Ruhe und Leere. Ihre Beziehung zu Gott und Ihre Bereitschaft, sich ihm zuzuwenden, müssen erst reifen und sich entwickeln.

Sie räumen sich stille Zeiten ein, um Gott zu erkennen. Gott sieht Sie in Ihrem Ringen und gewährt Ihnen das, was Sie benötigen. Er überfordert Sie nicht, er nimmt Sie jederzeit an. Sie brauchen nicht mit seinem Vorwurf zu rechnen, wo Sie so lange waren. Er kennt Sie und wartet auf Sie.

Das Weglaufen und Sichverstecken vor Gott geben Sie in dem Bewusstsein auf, dass Gott Sie kennt und liebevoll erwartet und dass Sie nicht vor ihm weglaufen können. Sie nehmen aus Ihrer spirituellen Biografie heraus wahr, dass Gott immer in Ihrer Nähe war und er Sie in einer bestimmten, einmaligen Ausrichtung angelegt hat.

Es wird Ihnen möglich, Ihr Lebensgeschenk bewusst mit allen Begabungen, Möglichkeiten und Grenzen, für sich selbst und für andere zu be- und er-greifen. Sie werden Gottes Wunsch und Geschenk dankbar und demütig respektieren, nutzen und ins Leben bringen. Es wird Ihnen möglich sein, mit Gottvertrauen und ohne Angst Ihrer Lebensbestimmung zu folgen.

Aspekte der Persönlichkeitsentwicklung

- Wahrnehmung von Sehnsüchten – Träumen – Bedürfnissen – ungelebtem Leben
- Erspüren der Lebensaufgabe
- Loslassen von überholten Verhaltensmustern
- Wahrnehmung von Ängsten
- Wahrnehmung von möglichen Lebensgestaltungen
- Förderung von Risikobereitschaft
- Aktivierung von unterstützenden Personen
- »Nein« sagen und Grenzen ziehen
- Zulassen von Frei-Räumen
- Stärkung von Selbst-Vertrauen und Selbst-bewusstsein
- Identitätsentwicklung

3.5.7 Station 7: GESEGNET – Verlust integrieren und Neuausrichtung leben

Trauerbearbeitung

Die letzte Station lädt Sie ein, sich auf die Bewältigung Ihres Lebensalltags ohne Begleitung mit diesem Buch vorzubereiten. Sie haben bereits viel Trauerarbeit geleistet. Sie haben Ihre Trauer sichtbar gemacht, sie ausgedrückt und Ihre Licht- und Schattenseiten erkannt. Sie sind nun in der Lage, Ihre emotionale Energie, die bisher dem Verlust zukam, auf Ihre Neuausrichtung und alle damit verbundenen Anforderungen, Kontakte und Beziehungen zu richten. Sie haben erfahren, dass Ihr Verlust Ihnen nicht alles genommen hat. Das, was bleibt, entwickelt sich für Sie zu einer Kraftquelle für die Zukunft. Sie weisen Ihrem Verlust bei Ihrer Neuausrichtung einen besonderen Platz zu, ohne dass Ihnen Ihre Trauer genommen wird.

Sie haben intensive Begegnungen und berührende Erfahrungen mit sich selbst und dem Göttlichen zugelassen und sind daran gereift und gewachsen. Sie haben Ihre Persönlichkeit weiter entwickelt. Nach dieser Station steht Ihnen der Abschied von diesem Buch bevor. Es hat damit seinen Anspruch erfüllt, Sie für eine gewisse Zeit zu begleiten, um Sie dann allein Ihren weiteren Lebensweg gehen zu lassen. Es überkommen Sie Gefühle der Unsicherheit, ob Sie Ihren Alltag allein bewältigen können. Es mögen sich Gefühle von Traurigkeit einstellen, sich von einem vertraut gewordenen Gefährten zu verabschieden.

Dem Abschied wird an dieser Station ausreichend Raum gegeben. Bereichernde Momente und Erfahrungen werden in Erinnerung gebracht sowie Dankbarkeit für die gemachten Erfahrungen ausgedrückt. Der gestaltete Abschluss stellt eine Verbindung zwischen dem noch geschützten Raum unserer dialogischen Arbeitsbeziehung und Ihrer zukünftigen selbstständigen Bewältigung Ihres Alltags dar. Sie erhalten praktische Empfehlungen, wie Sie erlernte Übungen in Ihren Alltag integrieren und Ihre Neuausrichtung bewahren und weiterentwickeln können.

Sie können das Buch jederzeit wieder hervornehmen und sich dem einen oder anderen Thema vertiefend zuwenden. Ich wünsche Ihnen von ganzem Herzen, dass Sie sich neu ausgerichtet und wieder aufgerichtet kraftvoll Ihrem veränderten Leben voller Freude zuwenden.

Spirituelle Erfahrung

Sie erfahren sich ausgerichtet auf die göttliche Kraft. Die spirituelle Suche führt Sie in den Alltag zurück und zu einer lebendigen Teilnahme am Leben. Sie werden sich in Ihrem bevorstehenden Alltag persönliche Rückzugsorte gestalten können. Das Göttliche erfahren Sie gerade im Alltäglichen.

Ihnen ist bewusst, dass das Göttliche in allem ist. Sie wissen, dass Sie auch in ihrem Verlust und Ihrer Krise von Gott begleitet wurden. Sie können sich zunehmend mit Ihren Licht- und Schattenseiten auseinandersetzen. Sie haben erfahren, dass Gott Sie zu Ihrer wahren Identität und Authentizität führt und mit allen Verfehlungen und Schwächen liebevoll annimmt. Diese Erfahrungen ermutigen und stärken Sie, sich Ihrer Zukunft zuzuwenden.

Sie können die Verantwortung für die eigene Selbstwerdung wahrnehmen und sagen: »Gott war mit mir, ist mit mir und wird mich weiter auf allen Wegen stärkend und schützend begleiten. Ich brauche nicht ängstlich zu sein. Ich habe in tiefster Verzweiflung eine fruchtbare Zeit erfahren dürfen und eine Nähe zu Gott und den Menschen gefunden. Gott wird mir weiterhin zeigen, wie ich Schritt für Schritt in veränderter Ausrichtung gehen kann, ohne mich zu überfordern. Dies gilt für die Anforderungen von außen, aber auch für meine eigenen Anforderungen an mich und meine weitere innere Arbeit. Ich lasse mich nicht entmutigen, wenn ich auf das schaue, was vor mir liegt. Mir gelingt es, den Verlust in mein Leben zu integrieren. Das, was mir trotz des Verlustes geblieben ist, unterstützt und stärkt mich auf meinem weiteren Weg.«

Aspekte der Persönlichkeitsentwicklung

- Abschied gestalten
- Loslassen
- Entwicklung von Mut und Risikobereitschaft
- Wahrnehmung von Werten und Prioritätensetzung

- Anerkennung von Gelungenem, Anerkennung von eigenen Qualitäten
- Wahrnehmung von Kraftquellen und Widerständen
- Wahrnehmung von Grundüberzeugungen
- Wahrnehmung von unbekannten und beängstigenden Aspekten
- Förderung von Stabilität
- Verbindung zu inneren Ressourcen
- Wahrnehmung von unterstützenden und behindernden Personen
- Bereitschaft zur Aktivierung verborgenen Potenzials
- Wahrnehmung eigener Grenzen
- Selbst-Vertrauen und positive Neuausrichtung
- Erprobung neuer Seiten, Identitätsentwicklung

Teil 2

Praktische Umsetzung

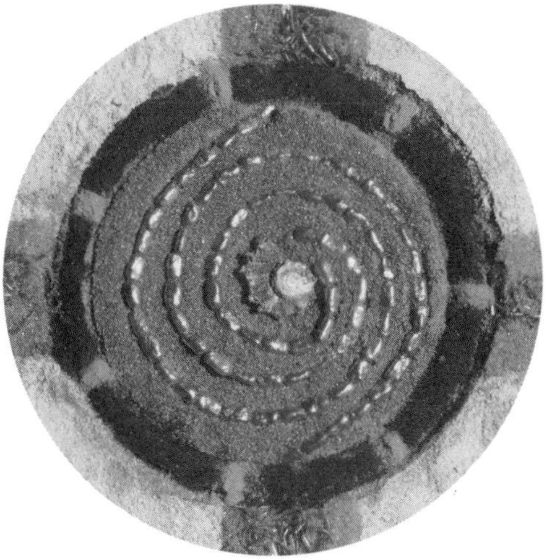

Hinführung zur Praxis

Zur praktischen Umsetzung des Wandlungszyklus der sieben Stationen der Trauer benötigen Sie das separat erhältliche Arbeitsheft, Ihr Wandlungstagebuch und die CD.

Auf der CD finden Sie Meditationen, Gebärden, Imaginationen und Gebete.

Wenn ein Text auf der CD zu finden ist, wird mit dem Symbol  darauf hingewiesen.

Sie benötigen bei allen Stationen einen CD-Spieler.

In der Einleitung zum Arbeitsheft finden Sie folgende Hinweise:

- Ihre innere Haltung und mentale Vorbereitung
- Verknüpfung von Theorie und Praxis
- Dialogisches Lernen
- Modulare Struktur und Tagesablauf einer Station
- Zeitbedarf
- Gottesbild
- Übungen
- Reihenfolge der Übungen
- Abbruch einer Übung
- Umgang mit Unterbrechungen
- Arbeit in Haus und Garten
- Meditation
- Ihre Vorbereitung
- Freiraum
- Freude
- Verantwortung für sich selbst
- Haftung
- Ergänzende Lernschritte nach jeder Station

Für die Trauerarbeit einer Station habe ich im praktischen Teil exemplarisch je einen Tagesverlauf mit vier Modulen konzipiert (morgens, vormittags, nachmittags, abends), um Ihnen ein zeitlich flexibles Vorgehen zu ermöglichen. Ein jedes Modul erfordert einen Zeitbedarf von etwa 2–3 Stunden. Mehr Informationen finden Sie im Arbeitsheft. Sie können die Module selbstverständlich auch auf mehrere Tage aufteilen und eine Station dann in ein bis zwei Wochen oder einem noch längeren Zeitraum bearbeiten.

Es ist hilfreich, parallel zu Ihrer Arbeit mit diesem Buch das separat erhältliche Arbeitsheft und das Wandlungstagesbuch verfügbar zu haben.

Wenn Sie eine Übung im Arbeitsheft vertiefen sollen, dann wird darauf mit »🗎🖉 **Arbeitsheft**« hingewiesen.

Während der Gebärden, kennzeichnet »*« das Ende einer Bewegung und den Anfang einer neuen.

Sie sind nun vorbereitet, den Wandlungszyklus der sieben Stationen der Trauer praktisch umzusetzen. Ich wünsche Ihnen anregende Impulse und einen guten Weg durch Ihre Trauer.

Station 1

GESEHEN

Traueraufgabe:
Den Trauerschmerz sichtbar machen

Sie benötigen: Steine (höchstens handgroß), Papier in verschiedenen Farben, Locher, Schnur (3–6 m), Ton (oder tonähnliche Modelliermasse wie z. B. Efaplast), Schale mit Blumenerde

Morgens **AUFSTEHEN – HÖREN auf die BOTSCHAFT der NACHT**

Was will mein Traum mir sagen?
Welche Botschaft, Symbolik und Entwicklung enthält er?
Genießen Sie ein langsames Wachwerden und lassen Sie Ihren Traum in Ruhe nachwirken.

Atemübung

Öffnen Sie weit die Arme. Umarmen Sie in Gedanken den beginnenden Tag, Ihr Geschenk an sich selbst. Legen Sie im Rhythmus des Atems auf das Einatmen den Satz »Dieser Tag« und auf das Ausatmen »gehört mir« oder »Ich sehe (Einatmen)« »meinen Schmerz (Ausatmen)«. Lassen Sie Ihren Atem bis in Ihren Beckenraum fließen.

Variation: Sie können Ihren inneren Satz so verändern, dass er für Sie stimmig ist, z. B. »Diese Zeit – gehört mir«, »Ich bin – da«, »Ich – will«, »Hier und – Jetzt«, »Scha-lom«.

Hinweis: Atmen Sie ein paar Mal ganz bewusst tief ein und aus. Wenn Sie diese Übung 4 x wiederholen, reicht dies völlig. Die Übung soll Ihnen guttun und Sie nicht anstrengen.

Arbeitsheft 1.1

Ihre Spiritualität ist Ihnen vielleicht nicht bewusst. Sie sind unsicher, ob und wie Sie damit umgehen sollen. Vielleicht löst der Begriff »Gott« in Ihnen Angst, Wut oder andere Gefühle aus oder das Göttliche hat bei Ihnen einen anderen Namen. Sprechen Sie die göttliche Dimension mit den Worten an, die für Sie stimmig sind, auch wenn ich Worte der christlichen Tradition verwende. Sie können all Ihre Empfindungen dem Göttlichen gegenüber zum Ausdruck bringen. Sie befinden sich in einer sehr schmerzhaften Situation. An Ihrem augenblicklichen Tiefpunkt lassen Sie sich auf einen Veränderungsprozess ein und ergreifen die Chance, zu einem tieferen spirituellen Verständnis zu gelangen.

Biblischer Impuls

Gehört hat der Herr mein Flehen,
der Herr nimmt mein Beten an.

Ps 6,10

Sprechen Sie laut:

Herr,
ich kenne dich nicht.
Ich habe dich gesucht,
doch du hast dich mir in meinem Leben nicht gezeigt.
Dabei hätte ich dich gebraucht,
gerade wo ich mich jetzt einsam und verlassen fühle.
Siehst du mich in meinen Schmerz?
Siehst du mein inneres Chaos, in dem ich festsitze?
Ich weiß nicht, wer du bist und wo du bist,
aber ich wage es, mit dir einen Kontakt zu beginnen.
Ich bin am Ende, ich liege am Boden, meine Hoffnung liegt am Boden, mein Vertrauen in dich liegt am Boden.
Wenn du so mächtig bist, richte mich aus meiner Ohnmacht und Hilflosigkeit auf.
Zeige mir einen Weg aus meiner Einsamkeit
und dem Zerbrochenen, das mich umgibt.
AMEN

Jesus Christus weiß, was es heißt, einsam zu sein. Auf seinem Weg zum Kreuz fürchtet auch er den Schmerz. Er fühlt sich allein und wirft sich aus lauter Verzweiflung zu Boden. Wie ein Kind möchte er Geborgenheit und Trost im mütterlichen Schoß der Erde erfahren. Er ruft in diesem Gefühl tiefster Ohnmacht seinen Gott, der Vater und Mutter vereint, an.
Jetzt haben Sie Gelegenheit, mit eigenen Worten ein Gebet zu formulieren.

Arbeitsheft 1.2

Lesen Sie laut oder hören Sie auf der CD (Track 1):

Ich bin am Ende.
Der Verlust, um den ich trauere, hat mich umgeworfen,
niedergedrückt und gebeugt.
Ich bin unten – ganz nah an Mutter Erde.
Der Schmerz, den ich in jeder Faser meines Leibes empfinde,
wird aufgenommen von den empfangenden Armen
von Mutter Erde.
Ich lausche dem Herzschlag Gottes,
der aus der Tiefe des Urgrunds sich mit meinem verbindet.
Ich werde in meiner Ohnmacht gestärkt,
ich werde in meiner Hilflosigkeit emporgehoben.
Ich richte mich neu auf und aus.

Diesen Text sprechen Sie nun im Inneren mit Ihren Worten und Empfindungen, während Sie die folgende Gebärde dazu machen.

GEBÄRDE *Angesehen in Ohnmacht*

Stellen Sie sich aufrecht hin und breiten Sie die Arme aus. Falten Sie Ihre Hände über dem Scheitelpunkt Ihres Kopfes und verbeugen Sie sich. * Gehen Sie langsam in die Knie. *

Legen Sie sich mit dem Gesicht nach unten auf den Boden. Legen Sie bei Bedarf ein Kissen unter Ihren Kopf und verbleiben Sie einige Zeit in dieser Position. Begeben Sie sich bewusst in die Situation der Ohnmacht, des Ausgeliefertseins und der Schutzlosigkeit. Weiter nach unten kann es Sie nicht mehr ziehen. *

Stellen Sie sich wieder aufrecht hin. Stellen Sie sich vor, dass Gott Sie anschaut. Neigen Sie den Kopf und schauen Sie erneut Ihr nicht sichtbares Gegenüber an. Spüren Sie nach.

Spüren Sie in Ihre Füße, durch die Sie in Ihrem Schmerz mit allen Leidenden der Erde verbunden sind.

Beenden Sie diese Gebärde mit einer Verneigung.

Welche Assoziationen kommen Ihnen in dieser Körperhaltung? Was löst diese Gebärde in Ihnen aus?

Arbeitsheft 1.3

Meditation

Vielleicht fühlen Sie sich weit entfernt von göttlichen Berührungen und konnten sich nur zögernd einlassen. Vielleicht kommen Ihnen in der nachfolgenden Meditation Erinnerungen an Momente hoch, in denen für Sie alles vollkommen war, in denen die Welt hätte stehen bleiben können und in denen Sie dachten, Ihr Herz quillt über vor Freude. Diese Momente der tiefen Erfüllung im Hier und Jetzt sind für mich göttliche Berührungen, in denen sich Gott in unauffälligen, stillen Zeichen zu erkennen gibt. Spüren Sie solchen Momenten in Ihrem Leben nach.

Spüren Sie in der nachfolgenden Meditation auch in Ihr Schmerzgefühl hinein. Vielleicht können Sie in Ihrem Schmerz dem von Jesus Christus auf seinem Kreuzweg nachempfinden. Vielleicht verschmelzen Ihr Schmerz und der seine zu einem. Vielleicht können Sie wahrnehmen, in welcher Solidarität, Anteilnahme und liebevollem Verständnis Ihnen Gottes Sohn in Ihrer schmerzhaften Situation verbunden ist.

Eröffnen Sie nun Ihrem Gott Raum und Gelegenheit, Ihnen zu begegnen.

Arbeitsheft 1.4

Kreatives SCHREIBEN *Mein Schmerz*

Ihr Trauerschmerz bestimmt Tag und Nacht Ihr Leben. Beschreiben Sie spontan Ihren Schmerz:

Arbeitsheft 1.5

Gestaltungsarbeit *Mein Schmerz*

Ihr Schmerz nimmt in Ihrem Denken und Fühlen einen großen Raum ein. Häufig wird er im Herzraum erlebt.
Ihr Schmerz ist bisher etwas Diffuses, das Sie vereinnahmt hat. Sie können nun Ihrem Schmerz eine Gestalt geben. Er ist dadurch nicht mehr ein unsichtbarer Feind. In Ihrer Gestaltung können Sie ihn anschauen und mit ihm in einen Dialog treten. Ein Feind, den Sie sehen können, ist weniger bedrohlich.
Formen Sie Ihren Schmerz aus Tonmaterial. Berühren Sie ihn, treten Sie mit ihm in Kontakt, auch wenn dies zunächst zaghaft geschieht. Spüren Sie, wie sich Ihr Schmerz in Ihrer Hand verändert. Jetzt haben Sie ihn in der Hand und nicht er Sie. Formen Sie ihn. Be-greifen Sie ihn, berühren Sie ihn. Wie sieht er aus? Wie viel Raum beansprucht er? Wie viel Platz gestehen Sie ihm zu? Welche Form hat er? Wie fühlt er sich an? Hat er eine Farbe?
Lassen Sie sich Zeit, bis Ihr Schmerz eine für Sie stimmige Gestalt hat. Machen Sie außen sichtbar, wie es in Ihnen innerlich aussieht. Wie geht es Ihnen, wenn Sie ihn betrachten? Sieht er aus, wie Sie ihn beschrieben haben, oder nehmen Sie an ihm neue Aspekte wahr?

Arbeitsheft 1.6

Kreatives SCHREIBEN *Verlustpanorama*

Ein schmerzhafter Verlust begegnet Ihnen nicht zum ersten Mal in Ihrem Leben. Sie haben schon diverse einschneidende Verluste erlebt und überlebt. Ihr Blick wird in der nachfolgenden Übung auf Vergangenes gelenkt, um die gemachten Erfahrungen in Ihre augenblickliche Trauerarbeit einfließen zu lassen.

Schreiben Sie spontan vier Lebenssituationen auf, die mit besonderem Schmerz bzw. einem besonderen Verlust für Sie verbunden waren. Die Reihenfolge spielt keine Rolle und die Nummerierungen implizieren keine Wertigkeit. Wenn Ihnen z. B. nur drei Situationen einfallen, reichen diese völlig aus.

Arbeitsheft 1.7

Stellen Sie sich vor, Ihre Verluste wären in Wasser versenkt und stiegen in unterschiedlicher Geschwindigkeit wieder langsam empor. Welcher Verlust kommt am schnellsten an die Oberfläche und schaut Sie am intensivsten an?

Schließen Sie die Augen und spüren Sie in Ruhe nach.

Arbeitsheft 1.8

Welche Situation sehen Sie vor Ihren Augen?

Stellen Sie sich noch einmal vor, was genau passiert ist. Was sehen, hören, riechen, betasten Sie? Welche Farben begegnen Ihnen? Welche Menschen kommen vor, was tun sie gerade? Beschreiben Sie diese Situation, als würden Sie sie einem Menschen Ihres Vertrauens zum ersten Mal erzählen. Erwähnen Sie alles, was für Sie eine besondere Rolle spielt. Schreiben Sie spontan und verlassen Sie sich darauf, dass Ihnen alles Wesentliche in den Sinn kommt.

Arbeitsheft 1.9

Vielleicht hat Sie diese Übung zum Weinen gebracht. Heißen Sie Ihre Tränen willkommen. Sie bringen Reinigung und Klärung und fördern Ihren Trauerweg.

Mittags

Gönnen Sie sich Zeit zum Ruhen und Nachwirken. Ein Spaziergang in der Natur verschafft Ihnen Bewegung und lässt Sie den Atem Gottes in der Natur spüren.

Finden Sie auf Ihrem Spaziergang einen Stein, der so einmalig geprägt und geformt ist, wie Ihr augenblicklicher Verlust. Wenn Sie mehrere Steine in die Hand nehmen, wählen Sie den Stein, der dem Gewicht Ihrer Trauer nahe kommt. Nehmen Sie einen Stein, der in Ihre Hand passt. Sammeln Sie auch für frühere Verluste den jeweils passenden Stein.

Nachmittags

KÖRPERARBEIT
Der Körper als Gedächtnis des Lebens

Ihr Körper ist das Gefäß Ihrer Erfahrungen und Gefühle. Klopfen Sie liebevoll Ihren Körper ab: Ihre Füße, Ihre Beine, Ihre Arme, Ihren Leibraum als Ihr emotionales Zentrum, vorsichtig auch Ihren Kopf. Die nachfolgende Leibarbeit, der Gedanken unterlegt sind, fördert Ihre Kontaktaufnahme mit Ihrem Körper. Dabei öffnen Sie sich für das Göttliche. Sollten Sie an dieser Ausführung gehindert sein, können Sie die Übung abwandeln und die Bewegungen erspüren, die Ihr Körper verrichten kann.

Sie können den Text auf der CD (Track 2) anhören.

Sie beginnen mit einer Verbeugung zu Ihrer gestalteten Mitte als Zeichen Ihrer Ehrfurcht.

- *Mein Leib ist lebendig.*
- *Ich spüre den Boden, der mich trägt.*
- *Ich fühle mich verbunden mit Erde und Himmel. Ich strecke meine Arme zum Himmel.*
- *Ich balle meine Hände zu Fäusten, recke und strecke kräftig meine Arme vor mich, seitlich, rechts und links.*
- *Ich gähne herzhaft.*
- *Ich atme ein, ich atme aus. Ich lege auf das Ausatmen ein »A«. Dann ein »O«. Bei welchem Vokal spüre ich meinen Schmerz intensiver? Welcher ist »mein« Vokal? Ich wiederhole das Vokalausatmen auf »meinem« Vokal. Ich klopfe leicht auf meinen oberen Brustraum, ich bringe meinen Schmerzlaut im Rhythmus zum Schwingen.*
- *Ich schließe die Übung. Die Arme liegen seitlich an meinen Beinen, ich hebe beide Arme seitlich nach oben bis über den Scheitelpunkt meines Kopfes. Ich halte einen Moment inne, bitte darum, dass die göttliche Wirkkraft in mich einfließt und mich durchdringen möge und führe die Arme seitlich wieder an die Außenseite meiner Beine.*
- *Ich lege beide Hände auf meinen Herzraum und verbeuge mich zur Mitte.*

Spüren Sie den verschiedenen Körperpositionen nach.

Arbeitsheft 1.10

GESTALTUNGSARBEIT *Verluste in Farbe, Form, mit Namen und Gefühlen*

Sie haben heute Vormittag im Verlustpanorama verschiedene schmerzhafte Verluste aufgeführt.

Gehen Sie jetzt wie folgt für jede einzelne unter 1.7 aufgeschriebene Situation vor.

1. Wählen Sie ein farbiges Papier aus oder malen Sie ein weißes Blatt farbig. Spüren Sie in sich hinein, welche Farbe z. B. zu Ihrem Schmerz, den Sie unter Nr. 3 aufführen, passt.
2. Schneiden Sie danach das Papier entsprechend Ihrem Schmerz zurecht. Welche Größe hat Ihr Schmerz? Fühlt er sich eckig an, quadratisch oder rechteckig, hat er Zacken, hat er Rundungen? Fühlen Sie in sich hinein und geben Sie Ihrem damaligen Schmerz eine Form.
3. Geben Sie jedem Verlust einen Namen.
4. Schreiben Sie die Namen auf die unterschiedlichen Verlustzettel. Auch hierbei können Sie Ihrer Fantasie freien Lauf lassen. Ist die Beschriftung groß, klein, zackig, eckig, farbig?
5. Fügen Sie nun Ihre Gefühle hinzu, die Sie zur Zeit des Schmerzes verspürten. Arbeiten Sie solange mit Ihrem jeweiligen Schmerz, bis er für Sie stimmig gestaltet ist. Beim Tun kommen Sie Ihrem Verlust sehr nah. Sie schauen sich jeden Verlust wie mit einer großen Lupe an.

Sie gehen solange nach den Schritten 1–5 vor, bis Sie so viele bunte, in Form geschnittene und mit Namen und Gefühlen beschriftete Zettel vor sich liegen haben, wie Sie heute Morgen Verluste im Verlustpanorama aufgeführt haben.

Notieren Sie, was entstanden ist.

Arbeitsheft 1.11

GESTALTUNGSARBEIT *Verlustband*

Lochen Sie jeden einzeln in der vorherigen Übung gestalteten Verlust zweimal und ziehen Sie eine Schnur hindurch. Reihen Sie einen Verlust nach dem anderen auf wie Perlen. Es ergibt sich ein »Verlustband«. Sie können auch jedes Blatt mit einer Wäscheklammer an einem Bindfaden befestigen. Jetzt spannen Sie Ihr Band durch Ihren

Raum. Türpfosten, Stehlampen, Türklinken oder Haken mögen Ihnen als Befestigung dienen. Nehmen Sie einen Platz ein, von dem aus Sie gut Ihre Verluste anschauen können. Werden Sie ruhig. Betrachten Sie Ihr Band und wie ein Verlust mit dem anderen verbunden ist. Schauen Sie hin, auf jeden einzelnen Verlust, auf jeden Schmerz. Schauen Sie vom einen zum anderen. Einer ist größer, einer ist kleiner, jeder ist anders und einmalig in seiner Form und Farbe.

Was löst das Betrachten Ihrer Verluste in Ihnen aus? Welche Gefühle kommen in Ihnen hoch?

Sprechen Sie laut:

Diese Verluste habe ich durchlitten. Ich schaue mir jeden einzelnen an. Mein Schmerz über meine Verluste ist groß. Je mehr ich mir mein Verlustband anschaue, umso mehr bin ich meinen Verlusten nah. Jeder einzelne Verlust mit dem damit verbundenen Schmerz war wichtig, um mir diese Girlande zu ermöglichen. Mein Verlustband ist kostbar und einmalig, so wie ich. Es gehört zu mir. Ich trage meine Verluste mit Würde. Sie haben mich zu dem Menschen gemacht, der ich bin.

Finden Sie nun Ihren eigenen Ausdruck:

Arbeitsheft 1.12

ABENDS — TAGESABSCHLUSS mit Ritual, Leibarbeit, Gesang, Meditation und Gebet

RITUAL *Trauerberg*

Sie haben passend zu Ihren Verlusten Steine ausgewählt. Schauen Sie sich Ihren Trauerberg an. Betrachten Sie, wie viel Schmerz in Ihrem Leben gegenwärtig ist. Jeder Schmerz hat eine individuelle Gestalt. Die Steine, die Sie im Außen aufeinander türmen, ziehen Sie im In-

neren nach unten. Schauen Sie auf den Berg von Trauer. Ganz oben und am meisten sichtbar ist Ihr gegenwärtiger Verlust.
Sie können nun Musik Ihrer Wahl anhören.

Wenn Ihnen Tränen kommen, lassen Sie sie fließen.
Vielleicht spüren Sie wenig bei den Verlusten, die weiter unten liegen. Dies könnte ein Zeichen sein, dass Sie vielleicht noch keine Gelegenheit hatten, diese ausreichend zu betrauern. Die Trauer für bisher unbetrauert gebliebene Verluste können Sie in Ihren jetzigen Trauerweg mit einfließen lassen.

RITUAL *Berührung von Mutter Erde*

Schauen Sie sich Ihren »Schmerz« aus Ton, den Sie heute Morgen geformt haben, Ihr Verlustband und Ihren Trauerberg aus Steinen bewusst an. Ihre gesamte Trauer sieht Sie an. Spüren Sie Mitgefühl mit sich selbst, wenn Sie sich und Ihre Trauer sehen. Spüren Sie in Ihren Schmerz und Ihre Traurigkeit hinein. Wenn Ihr Inneres noch mit harten, undurchlässigen Steinen beschwert ist, können jetzt noch keine lösenden Tränen hindurch fließen.

Stellen Sie eine Schale mit Blumenerde in Ihre Mitte. Greifen Sie in die Erde hinein und berühren Sie sie mit Ihren Fingern. Wenn Sie die Möglichkeit haben, in einen Garten zu gehen, gehen Sie eine Weile barfuss. Spüren Sie die Verbindung zu Mutter Erde, die Ihren Schmerz mit Ihnen trägt.

LEIBARBEIT *Boden unter den Füßen*

Sie können diese Leibarbeit auf der CD (Track 3) anhören.

Verinnerlichen Sie, dass Sie sich auf Ihren schmerzhaften Weg durch Ihre Trauer begeben haben, um demnächst wieder Boden unter Ihren Füßen zu haben.

Spüren Sie intensiv in Ihre Füße und den Boden. Sie sind mit Ihrem Verlust nicht allein.
Durch den Boden sind Sie mit allen Menschen verbunden, die wie Sie einen Verlust erlebt haben und denen der Boden unter den Füßen weggezogen ist.

Spüren Sie, wie Mutter Erde Sie trägt.

Setzen Sie sich auf den Boden, schließen Sie die Augen. Jammern Sie, seufzen Sie. Summen Sie ein Wiegenlied, wiegen Sie sich selbst zu Ihrer Melodie. Betrachten Sie in Ihrem Inneren liebevoll das Kind, das Sie waren. Wiegen Sie es sanft, nehmen Sie es zärtlich in Ihre Arme und trösten Sie es. Sorgen Sie gut für sich.

Beenden Sie diese Übung und spüren Sie nach.

Arbeitsheft 1.13

Sie haben einen intensiven Tag hinter sich. Sie haben sich der Trauerarbeit der Station 1 gestellt und Ihre Trauer um Verluste angeschaut, auch wenn dies mit zusätzlichen Schmerzen verbunden war. Bevor Sie den Tag beenden, schauen Sie auf Ihre Tagesetappen zurück.

Arbeitsheft 1.14

MEDITATION zum TAGESABSCHLUSS

Sitzen Sie heute ein letztes Mal in der Stille. Spüren Sie dem nach, was jetzt auftaucht. Hören Sie in Ihrem Inneren eine Stimme, die zu Ihnen spricht: »Ich sehe Dein Leid. Du bist nicht allein«?

Sprechen Sie laut:

Gott, dem Herrn, sei gedankt für diesen Tag.
Ich habe meinen Schmerz sichtbar gemacht,
damit du ihn anschaust.
Du machst mich zu einem angesehenen Menschen.
Ich habe einen ersten kleinen Schritt
auf meinem Trauerweg getan und dem Weg zu Dir.
Herr, ich danke Dir, dass Du mich durch diesen Tag
und meine Ohnmacht geführt hast.
Der Herr sei vor mir und sehe das Ausmaß meiner Trauer.
Der Herr sei neben mir, um mir unterstützende Arme
bereitzuhalten, wenn ich schwach und kraftlos bin.
Der Herr sei hinter mir, um mich in seinem Wind zu Orten
und Menschen zu tragen, die mir guttun.
Der Herr sei unter mir, um mir wieder festen Halt zu geben.
Der Herr sei in mir, um mein inneres Chaos zu ordnen,
mich zu füllen und zu wärmen, damit Erstarrtes weich werde.
Der Herr sei um mich herum, um mir in der Natur,
in anderen Lebewesen, in den Farben der Blumen,
dem Rhythmus der Wellen oder dem Gesang der Vögel
zu begegnen.
Der Herr sei über mir, um mich zu segnen und alle Menschen,
die mit mir in Schmerz verbunden sind, heute, morgen und
immerdar!
Ganz besonders in dieser Nacht.

AMEN

Nach einem irischen Segen

Station 2

BERÜHRT

Traueraufgabe:
Den Trauerschmerz spüren und erleben

Sie benötigen: Rhythmische Musik, Lieblingslieder, kleinen Rucksack oder Beutel, Fingerfarben

Morgens — AUFSTEHEN – HÖREN auf die BOTSCHAFT der NACHT

Was will mir mein Traum sagen?
Welche Botschaft, Symbolik und Entwicklung enthält er?
Genießen Sie ein langsames Wachwerden und lassen Sie Ihren Traum in Ruhe nachwirken.

Atemübung

Öffnen Sie weit die Arme. Umarmen Sie in Gedanken den beginnenden Tag, Ihr Geschenk an sich selbst. Legen Sie im Rhythmus des Atems auf das Einatmen den Satz »Dieser Tag« und auf das Ausatmen »gehört mir« oder »Ich fühle (Einatmen)« »meinen Schmerz (Ausatmen)«. Lassen Sie Ihren Atem bis in Ihren Beckenraum fließen.

Variation: Sie können Ihren inneren Satz so verändern, dass er für Sie stimmig ist, z. B. »Dieser Tag – gehört mir«, »Ich bin – da«, »Ich – bin«, »Hier und – Jetzt«, »Scha-lom«.

Arbeitsheft 2.1

Während Ihrer Trauerarbeit der Station 1 haben Sie sich schmerzhafte Verluste bewusst gemacht. Jedem Verlust haben Sie eine individuelle Farbe, Form und einen Namen gegeben. Jeder Ihrer Verluste ist einmalig und kein anderer Mensch hat einen Verlust so erlebt wie Sie.

Um in die innere Haltung zu gelangen, den Schmerz anzunehmen, ist es erforderlich, über das reine Anschauen hinaus den Schmerz noch einmal im tiefsten Inneren zu spüren. Nicht das Ausweichen bringt auf Dauer Heilung, sondern das Ansehen, Berühren und Spüren des Schmerzes.

Dieses Vorgehen ist vergleichbar mit einer Operation, bei der der Operateur auch zunächst in der Regel einen Schnitt macht, um die Wunde zu reinigen, zu betupfen und zu verbinden.

Die heutige Arbeit wird eine intensive Arbeit mit Gefühlen sein. Sie spüren Ihre innere Wunde. In Ihren Schmerzbildern können eine ungeheure Wut und ein gewaltiger Zorn spürbar werden.

Biblischer Impuls

Ich lasse meiner Klage freien Lauf,
reden will ich in meiner Seele Bitternis.

Hiob 10,1

Jesus legte jedem Kranken die Hände auf
und heilte alle.

Lk 4,40

Sprechen Sie laut:

Herr,
ich war guten Willens.
Ich habe dich gesucht,
doch noch immer hast du dich mir nicht gezeigt.
Ich höre in mich hinein, doch du schweigst.
Ich bin ungeduldig. Wie lange soll ich noch auf dich warten?
Wie konntest du es zulassen,
dass meine Lebensplanung zerstört ist?
Wie kann ich glauben, dass du mich liebst?
Warum rührt dich mein Schicksal nicht an?
Gerade jetzt hätte ich deine Hilfe erwartet!
Gerade jetzt hätte ich dich gebraucht!
Warum enttäuschst auch du mich und lässt mich allein?

AMEN

Vielleicht ängstigen Sie sich, Wut zu äußern? Gehören Sie zu den Menschen, die sich Wut verbieten, für die Wut bedrohlich ist? Wie viel schwerer mag es für Sie dann sein, Wut gegenüber Gott auszudrücken. Doch Gott kennt Sie schon sehr lange, ihm ist nichts fremd. Er kennt Sie auch in Ihrer Wut und Enttäuschung, in Ihrem Schmerz und Ihrer Einsamkeit. Sie können und brauchen vor ihm nichts verstecken. Sie können in eine ehrliche Beziehung zu Gott treten und ihm alles sagen, was Sie bedrückt. Klagen Sie, rufen und schreien Sie, so wie Ihnen zumute ist. Lassen Sie alles heraus, was Sie ihm vorwerfen. Er wird Ihre Klage und Ihren Schmerz aushalten.

Beispiele für Klagen finden Sie u. a. in den Psalmen, die Sie anregen möchten, Ihre eigene Klage zu formulieren und Gott zuzurufen:

Wie lange noch, Herr, vergisst du mich ganz?
Wie lange noch verbirgst du dein Gesicht vor mir?
Wie lange noch muss ich Schmerzen ertragen in meiner Seele, in meinem Herzen Kummer Tag für Tag?

Ps 13,2-3

Mein Gott, mein Gott,
warum hast Du mich verlassen,
bist fern meinem Schreien,
den Worten meiner Klage?

Ps 22,2-3

Du hast es gesehen, Herr. So schweig doch nicht!
Herr, bleib mir nicht fern.

Ps 35,22

Formulieren Sie jetzt Ihr Gebet, Ihre Anklage, Ihre Verzweiflung, Ihre Enttäuschung in Ihren eigenen Worten.

Arbeitsheft 2.2

Lesen Sie laut oder hören Sie auf der CD (Track 4):

Ich bin am Ende. Ich dachte, es ging aufwärts.
Jetzt bin ich kraftloser denn je.
Ich spüre Ärger darüber, dass ich auf Besserung hoffte.
Ich spüre eine unglaubliche Wut.
Ich spüre Hilflosigkeit.
Ich spüre Verlassenheit.
Ich spüre mich.
Ich lege all meine Wut und Verzweiflung in meine Hände
und halte Dir, Gott, meinen Schmerz hin.
Schau ihn an und sei bei mir.

Diesen Text sprechen Sie nun im Inneren mit Ihren Worten und Empfindungen, währenddessen Sie folgende Gebärde dazu machen.

GEBÄRDE *Niedergeworfen und berührt*

Stellen Sie sich aufrecht hin und breiten Sie die Arme auf Brusthöhe aus. Verbeugen Sie sich. * Knien Sie nieder, beugen Sie sich nach vorn, legen Sie Ihre ganze Verzweiflung und Wut in Ihren Körper und * legen Sie sich auf den Boden. Ihre seitlich abgewinkelten Hände stützen Ihre Stirn ab. Vertrauen Sie darauf, dass Gott Sie aufrichten wird. Schließen Sie die Augen, und spüren Sie Ihren Gefühlen nach.

Verbleiben Sie einige Zeit in dieser niedergeworfenen Position. * Jetzt richten Sie sich auf und kommen zum Knien. Halten Sie Ihre beiden Arme ausgestreckt nach vorn und verbinden Sie sie zu einer Schale. In die Schale Ihrer Hände legen Sie Ihren gesamten Schmerz und all Ihre Tränen. Halten Sie die gefüllte Schale Gott hin.

Stehen Sie langsam wieder auf, verneigen sich und beenden diese Gebärde.

Welche Assoziationen kommen Ihnen in dieser Körperhaltung? Was löst diese Körperhaltung in Ihnen aus?

Arbeitsheft 2.3

Spüren Sie in der nachfolgenden Meditation in Ihr Schmerzgefühl und Ihre Wut hinein. Spüren Sie, wie es ist, wenn Sie Ihren Schmerz Gott hinhalten. Auch Jesus Christus hat seine Verzweiflung und seinen Schmerz Gottvater hingehalten mit den Worten: »Mein Gott, warum hast du mich verlassen« (Mt 27,46). Vielleicht tut sich in Ihnen ein Gefühl auf, wie sehr Gott mit Ihnen leidet.

Meditation

Eröffnen Sie nun Ihrem Gott Raum und Gelegenheit, Ihnen zu begegnen.

Arbeitsheft 2.4

VORMITTAGS ARBEIT in HAUS und GARTEN

GESTALTUNGSARBEIT *Vorherrschendes Gefühl*

Ihre Trauer, die so schwer wie Steine ist, hat Sie niedergedrückt. Die folgende Übung nimmt auf Ihre schwache Befindlichkeit und Ihre aufgerührten Gefühle Rücksicht.

Lassen Sie sich auf diese Übung ein ohne nachzudenken, auch wenn Ihnen eine strukturierende Vorgabe fehlt, Sie sich Ihre Finger beschmutzen oder denken, die Übung sei eher für Kinder.

Wenn Sie sich bewusst machen, dass Ihr Wandlungsweg durch die Trauer ein Veränderungsweg ist, wird Ihnen die Übung leichter fallen. Die Ernsthaftigkeit Ihres Willens, Ihren Schatz in der Trauer zu heben, stellen Sie unter Beweis, indem Sie mutig bisher Ungewohntes wagen. Freuen Sie sich, wieder das Kind in Ihnen zu entdecken.

Malen Sie spontan mit Fingerfarben eine Momentaufnahme Ihres jetzigen Gefühlszustandes. Überlegen Sie nicht lange, tauchen Sie in die Farben ein und schauen Sie, was entsteht. Entsteht ein Muster? Vermischen sich die Farben?

Arbeitsheft 2.5

Was nehmen Sie an Ihrem Bild wahr? Besteht es aus dunklen Farben? Finden Sie auch helle Farben als Hoffnungsschimmer? Sind die Farben rein oder gemischt? Verwundert Sie etwas? Gibt es Hartes oder auch Weiches? Eckige Strichführung oder auch runde? Ihre Persönlichkeit besteht aus unterschiedlichen Farben und Facetten. Alles gehört zu Ihnen und ist ein Teil Ihrer Einzigartigkeit.

Arbeitsheft 2.6

WAHRNEHMUNGSÜBUNG *Wutventile*

Ich möchte Sie jetzt einladen, in Ihre Wut und Ihren Zorn hineinzuspüren, gerade wenn Ihnen diese Gefühle eher fremd sind. Viele Menschen sind erzogen worden, keine Wut zu äußern. Sie sind auf äußerste Haltung bedacht und leben in einer Art Gefühlsgefängnis. Natürlich sollen Sie als Mensch in einem Beziehungsgeflecht mit Ihrer Wut angemessen umgehen. Für Ihren Weg durch die Trauer ist es jedoch notwendig, dass Sie Ihren Gefühlen näher kommen. Das bedeutet, diese zunächst einmal wahrzunehmen und sie dann auszudrücken. Zunächst räumen Sie Ihrer Wut einen großen Raum ein.

Was machen Sie, wenn Sie richtig wütend sind?

Arbeitsheft 2.7

WARHNEHMUNGSÜBUNG *Wut spüren*

Lenken Sie Ihre Aufmerksamkeit in Ihren Bauchraum, in dem Sie Ihre Gefühle und Empfindungen wahrnehmen. Welche Empfindungen, Widersprüchlichkeiten erleben Sie momentan, in welchen Farben zeigt sich Ihre Wut und welche Gestalt nimmt sie an? Konnten Sie Wut jemals in Ihrem Körper spüren oder ist Wut für Sie eher ein abstrakter Begriff im Kopf?

Arbeitsheft 2.8

KÖRPERÜBUNG *Wut ausdrücken*

Gehen oder laufen Sie im Kreis in Ihrer Wohnung oder im Freien umher und begeben Sie sich in ein wütendes Gefühl. Erinnern Sie sich an Situationen, die Sie wahnsinnig wütend gemacht haben. Was oder wer hat Sie sehr verletzt? Lassen Sie Ihre Wut- und Zornesgefühle hochkommen und spüren Sie, wie es in Ihnen brodelt. Erlauben Sie sich, starke Gefühle zuzulassen, auch wenn Ihnen dieser Zustand ungewohnt ist. Ihr Weg durch die Trauer ist ein Weg durch alle Gefühlsfacetten.

Viele Menschen schlucken ihre Wut herunter. Praktizieren Sie diesen sprachlichen Ausdruck nun ganz bewusst. Gehen Sie im Kreis umher und schlucken Sie geräuschvoll Ihre Wut herunter, dass Sie das Herunterschlucken laut hören. Manchen Menschen verschlägt es vor lauter Wut den Atem. Wechseln Sie jetzt zwischen »Wut herunterschlucken« und »Luft anhalten«. Danach schnauben Sie vor Wut, schreien Sie, trampeln Sie energisch mit den Füßen, boxen Sie in die Luft, ziehen Sie etwas an sich heran oder stoßen Sie es wieder weg – sei es mit den Händen oder Füßen –, schlagen Sie auf ein Polster oder Kissen ein, werfen Sie Bälle gegen eine Wand, knallen Sie Türen oder schmeißen Sie Ton auf die Erde. Haben Sie eine Trommel? Trommeln Sie Ihre Wut aus dem Leib. Vielleicht liegt es Ihnen mehr, Ihre Wut zu einer Musik, die Ihre Wut anregt, herauszutanzen?

Finden Sie für sich Möglichkeiten, Ihre Wut auszudrücken.

Haben Sie keine Angst vor Ihrer Wut. In ihr ist eine mächtige Kraft, die Sie jetzt freisetzen und die Sie positiv auf Ihrem weiteren Trauerweg unterstützen wird.

Danach kommen Sie langsam zur Ruhe. Wenn Ihr Atem wieder gleichmäßig fließt, spüren Sie Ihren starken Emotionen nach.

Sprechen Sie laut:

Ich darf wütend werden. Ich darf laut sein und herausschreien, was mich wütend macht.

WAHRNEHMUNGSÜBUNG *Verletzte Bedürfnisse und Wut erspüren*

Haben Sie gespürt, was Sie wütend macht?

Arbeitsheft 2.9

Richtet sich Ihre Wut gegen eine bestimmte Situation, eine bestimmte Person oder mehrere Personen? Vielleicht bringt Sie diese Frage in einen Loyalitätskonflikt. Sie verraten jedoch weder Ihre Eltern, Ihre Lebenspartnerin oder Ihren Lebenspartner noch Freunde, wenn Sie sich bewusst machen, was Ihnen nicht guttat und was Sie noch heute wütend macht. Sie tun dies nicht, um andere Menschen zu entehren, sondern um Ihre Trauer umzuwandeln. Sie dürfen Ihren Mangel und Ihre Verletzung benennen. Sie tun dies in einer Weise, die den anderen Menschen achtet.

Arbeitsheft 2.10

Ich möchte Sie bitten, noch einmal Ihre in Station 1 beschriebenen Verluste (vgl. 1.7) anzuschauen. Spüren Sie erneut in jede Situation hinein und halten Sie fest, ob und bei welchen Verlusten noch heute ein Wutgefühl für Sie spürbar ist.

Sie können Ihr Wutgefühl für jeden Verlust separat notieren:

Arbeitsheft 2.11

WAHRNEHMUNGSÜBUNG *Andere Gefühle neben Trauer, Schmerz und Wut*

Kann es sein, dass Sie die vorherige Übung erschöpft und traurig macht? Geben Sie Ihrer Traurigkeit Raum. Wenn es für Sie stimmig ist, setzen Sie sich hin, kauern Sie sich zusammen. Sie dürfen weinen und schluchzen, wann immer Ihnen danach zumute ist. Nehmen Sie sich selber in den Arm und geben Sie sich Trost.

Wenn Sie in der Verfassung sind, in den Übungen weiterzugehen, spüren Sie in Ihren Bauchraum hinein. Kommen außer Ihrer Wut noch andere Gefühle hoch (z. B. Traurigkeit, Verlassenheit, Ohnmacht, Beschämung, Schuld)?

Arbeitsheft 2.12

Nehmen Sie ein Gefühl wahr, etwas versäumt zu haben? Wenn ja, halten Sie es fest.

Arbeitsheft 2.13

Auch wenn Sie erschöpft sind und Sie sich möglicherweise über die Macht Ihrer Emotionen erschrocken haben, können Sie positiv wahrnehmen, dass Sie spüren. Sie sind in Ihrer Trauer nicht, oder nicht mehr, so versteinert, dass Gefühle an Ihnen abprallen. Mit den Gefühlen in Kontakt zu sein, verbindet Sie mit Ihrem Inneren und führt Sie zu neuer Lebendigkeit.

Mittags

Gönnen Sie sich Zeit zum Ausruhen und Nachwirken. Ein Spaziergang in der Natur verschafft Ihnen Bewegung und lässt Sie den Atem Gottes spüren.

Nachmittags

Dem Vormittag wurde viel Raum für Wut gegeben. Mir ist es wichtig, dass Sie Wut nicht als »negatives« Gefühl bewerten, denn es gibt keine »positiven« und »negativen« Gefühle. Ein jedes Gefühl hat seine eigene Qualität und Berechtigung und gehört zum ganzheitlichen Menschsein dazu.

GESTALTUNG *Wandlung zur Blume*

Die jetzige Übung vergegenwärtigt Ihnen, dass alles von mehreren Seiten angesehen werden kann.

Betrachten Sie das Bild, das Sie heute Vormittag mit Fingerfarben gemalt haben (vgl. 2.5). Achten Sie auf die von Ihnen verwendeten Farben, die heute Morgen Ihre Grundbefindlichkeit darstellten.

Gehen Sie nun in zwei Schritten vor:

1. Notieren Sie die verwendeten Farben;
2. Notieren Sie spontan eine Blume, die Sie mit der jeweiligen Farbe in Verbindung bringen.

Arbeitsheft 2.14

Malen Sie jetzt aus den in der rechten Spalte aufgeführten Blumen einen Blumenstrauß. Sie können die Blumen auch aus einer Zeitung oder einem Gartenprospekt ausschneiden und auf einen Karton kleben.

Wie sehen Sie jetzt aus?

Arbeitsheft 2.15

Sie sind somit nicht nur ein undefinierbarer Farbklecks, sondern auch ein bunter Blumenstrauß. Sie sind nicht nur ein gebeugter, tieftrauriger Mensch, sondern auch ein Mensch, in dem ein Reichtum an Gefühlen, Farben und Möglichkeiten verborgen ist. So wie sich ein Klecks zu einer Blume verwandelt, werden Sie sich auf Ihrem Weg durch die Trauer zu neuer Farbe und Lebendigkeit verwandeln.

WAHRNEHMUNGSÜBUNG *Gefühlsvielfalt*

Sie verfügen noch über weit mehr Gefühle, als Sie bisher in Schmerz, Wut, Glück und Dankbarkeit wahrgenommen haben.

Schreiben Sie spontan Ihre Lieblingslieder auf. Welche Gefühle verbinden Sie damit (z. B. Wehmut, Romantik, Liebe, Sehnsucht, Heimat, Abenteuer, Stärke, Unternehmungslust, Verliebtheit, Zärtlichkeit, Geborgenheit, Weite, Schwere)?

Arbeitsheft 2.16

KÖRPERARBEIT *Gegensätze und Ambivalenzen*

Die nachfolgende Übung verdeutlicht Ihnen, dass das Leben aus Licht und Schatten, Starre und Lebendigkeit, Freude und Leid, Fülle und Mangel besteht.

Ich gebe Ihnen jetzt Gefühle vor und Sie schreiben in die Spalte daneben ein Lied auf, welches Sie mit diesem Gefühl verbinden. Sie können auch zusätzlich Lieder aufführen und selber das vorherrschende Gefühl ergänzen:

Arbeitsheft 2.17

Bewegen Sie sich zu Ihrer Musik, oder singen Sie frei im Raum. Wie will Ihr Körper das Lied ausdrücken? Will er gehen, marschieren, hüpfen, springen, boxen, schweben, sich drehen? Ist Ihr Körper leicht, schwer, biegsam oder starr?

Schalten Sie Ihren Verstand aus und überlassen Sie diese Übung allein Ihrem Körper. Es ist auch möglich, dass Ihr Körper das Bedürfnis erspürt, eine Liedfolge auf unterschiedliche Weise auszudrücken. Lassen Sie ihn einfach gewähren. Für Ihren Körper ist dies ein Spiel und er freut sich darüber wie ein Kind.

Staunen Sie, welche Vielfalt an Gefühlen Ihr Körper wahrnimmt und auszudrücken vermag.

Abends — TAGESABSCHLUSS mit Gebärde, Ritual, Gesang, Meditation und Gebet

GEBÄRDE *Das Kreuz annehmen*

Sie können die Anleitung zu dieser Gebärde auf der CD (Track 5) anhören.

*Stellen Sie sich aufrecht hin und spüren Sie den tragenden Grund unter Ihren Füßen und Ihre Ausrichtung zwischen Himmel und Erde. Ihre Arme hängen seitlich am Körper herunter. * Heben Sie langsam beide Arme, bis sie waagerecht auf Schulterhöhe nach links und rechts ausgestreckt sind. Sie sind nun in Ihrer Kreuzeshaltung.*

Die Schnittstellen Ihrer senkrechten und waagerechten Ausrichtung kreuzen sich in Ihrem Herzraum. Spüren Sie, wie Anforderungen von links und rechts an Ihnen zerren, spüren Sie Widersprüche, Gegensätzlichkeiten und Ambivalenzen.

Verweilen Sie in dieser Haltung und spüren Sie, wie Ihr Kreuz, das Sie zu tragen haben, Ihr Herz belastet.

Spüren Sie die Schwere Ihres Kreuzes.

*Spüren Sie nach, ob und inwieweit Sie Ihr Kreuz als Herausforderung annehmen können. * Schließen Sie Ihre Hände und legen Sie sie über Kreuz auf Ihren Herzraum. Sagen Sie in Ihrem Inneren: JA, ich nehme mein Kreuz mit aller Schwere und allen Gefühlen an.*

Spüren Sie nach.

RITUAL *Schwere ablegen*

Berühren Sie die Steine, aus denen Sie bei der Station 1 Ihren Trauerberg errichtet haben. Betrachten Sie die Oberfläche eines jeden.

Geben Sie die Steine in einen Rucksack oder Stoffbeutel und laden Sie das Gewicht auf Ihren Rücken. Gehen Sie meditativ einige Runden um Ihre gestaltete Mitte. Spüren Sie beim Gehen aufmerksam in das Gewicht und Ihre Belastung hinein. Spüren Sie die Schwere, die Sie zu tragen haben. Spüren Sie nach, wie Ihre Steine und wo Sie sich selbst zur Last geworden sind.

Dann halten Sie an und lösen sich von Ihrem Rücksack bzw. Beutel. Nehmen Sie die Steine aus den Rucksack bzw. Beutel heraus und legen Sie sie zu Ihrer gestalteten Mitte.

Spüren Sie jetzt aufmerksam in Ihren Körper. Wie fühlt er sich an, ohne Gewicht? Gehen Sie einige Runden im meditativen Gehen, genießen Sie die Befreiung von Schwere. Ahnen Sie, wie viel leichter sich Ihr Leben anfühlen wird, wenn Sie weiter auf Ihrem Trauerweg voranschreiten?

Sprechen Sie laut:

> *Ja, ich nehme mein Kreuz und Schicksal an. Ja, ich gehe meinen Weg durch die Trauer. Dabei wird sich die Schwere verwandeln und Leichtigkeit wieder in mein Leben kommen.*

Sie haben einen intensiven Tag hinter sich. Sie haben sich der Trauerarbeit an Station 2 gestellt und Ihren schmerzhaften Verlust gespürt. Sie haben erfahren, dass in Ihnen neben Schmerz und Wut noch viele andere Gefühle vorhanden sind. Bevor Sie den Tag beenden, schauen Sie auf Ihre Tagesetappen zurück.

Arbeitsheft 2.18

MEDITATION zum TAGESABSCHLUSS

Sitzen Sie heute ein letztes Mal in Stille. Spüren Sie dem nach, was jetzt am Abend auftaucht. Sprechen Sie laut:

Gott, dem Herrn, sei gedankt für diesen Tag.
Ich darf laut klagen. Ich komme meinen Gefühlen näher.
Ich kann meine Trauer mehr und mehr erkennen und spüren.
Ich kann wacher und achtsamer als bisher wahrnehmen,
was in mir vorgeht.
Ich konnte riesengroße Wut spüren.
Ich stampfte sie heraus.
Ich bin ein einziger Farbklecks aus Angst und Einsamkeit.
Ich kann sehen,
wie unterschiedlich die Facetten meiner Trauer sind.
Mein riesiger Trauerberg setzt sich aus vielen einzelnen,
kleineren Trauerbergen und Trauersteinen zusammen,
jeder einzigartig und kostbar in Farbe und Form und Größe.
Ich halte Dir meine Wut und Verzweiflung zur Wandlung hin.
Du hast mir einen Garten zum Beackern und Wachsen geschenkt.
Der diffuse Farbklecks verwandelt sich in duftende, leuchtende
Blumen.
Ich bin das eine und das andere.
Ich bin schwer und leicht.
Neue Farben und Konturen zeichnen sich ab.
Du rührst mich an.
Es liegt in deiner Hand, wann ich deine Gnade spüre.
Herr, dein Wille geschehe.
Ich mache mich auf, die tröstende, verwandelnde Liebe in meiner dunklen Trauer als Lichtspur auf meinem Weg mehr und mehr zu entdecken.
Der Herr bringe in meiner Farbigkeit mein Licht zum Leuchten
und beschütze mich in dieser Nacht.

AMEN

Station 3

GESCHENKT

Traueraufgabe:
Den Verlust akzeptieren und Bleibendes wahrnehmen

Sie benötigen: Ton (oder tonähnliche Modelliermasse wie z. B. Efaplast), 1 großes Gefäß oder Tablett, 1 feuerfestes Gefäß, 1 Schale mit Blumenerde (wenn kein Garten zur Verfügung steht), Handvoll Weizenkörner

Morgens **AUFSTEHEN – HÖREN auf die BOTSCHAFT der NACHT**

Was will mir mein Traum sagen?
Welche Botschaft, Symbolik und Entwicklung enthält er?
Genießen Sie ein langsames Wachwerden und lassen Sie Ihren Traum in Ruhe nachwirken.

Atemübung

Öffnen Sie weit die Arme. Umarmen Sie in Gedanken den beginnenden Tag, Ihr Geschenk an sich selbst. Legen Sie im Rhythmus des Atems auf das Einatmen den Satz »Dieser Tag« und auf das Ausatmen »gehört mir« oder »Ich bin (Einatmen)« »beschenkt (Ausatmen)«. Lassen Sie Ihren Atem bis in Ihren Beckenraum fließen.

Variation: Sie können Ihren inneren Satz so verändern, dass er für Sie stimmig ist, z. B. »Dieser Tag – gehört mir«, »Ich bin – da«, »Ich – bin«, »Hier und – Jetzt«, »Scha-lom«.

Arbeitsheft 3.1

An den bisherigen Stationen haben Sie intensiv Ihren Schmerz und Ihre Verluste angeschaut und den damit verbundenen Gefühlen nachgespürt.

Heute werden Sie wahrnehmen, dass Ihr gegenwärtiger Verlust und Ihre früheren Verluste Ihnen nicht alles genommen haben. Sie werden Ihre gegenwärtige Situation und Vergangenes aus einer anderen Perspektive wahrnehmen und Bleibendes entdecken.

Biblischer Impuls

> *Jede gute Gabe und jedes vollkommene Geschenk kommt von oben, vom Vater der Gestirne, bei dem es keine Veränderung und keine Verfinsterung gibt.*
> Jak 1,17

Sprechen Sie laut:

Herr,
ich weiß nicht mehr, wer ich bin.
Einmal bin ich traurig, dann wieder spüre ich Hoffnung in mir.
Ich erschrecke mich über meine Wechselbäder an Gefühlen.
Mal bin ich fassungslos darüber,
dass ich diesen Verlust erleiden muss,
während du tatenlos meinen Schmerz ansiehst.
Dann handele ich plötzlich,
als richtete ich mir mein Leben mit dem Verlust ein.
Dann wieder denke ich, meinen Verlust habe es nicht gegeben.
Welche Wirklichkeit stimmt?
Darf ich hin und her schwanken?
Manchmal höre ich im Inneren eine Stimme, die »Ja« sagt.
Manchmal, wenn ich den Verlust annehme, fühle ich mich,
als würde ich Verrat begehen.
Dann wieder überkommt mich eine tiefe Dankbarkeit,
für das, was ich erleben durfte.
Manchmal kommen meine Tränen nicht zum Stillstand
und die Angst vor dem, was vor mir liegt, wird weggespült.
Dann wieder fühle ich, wie sich meine innere Leere
anfüllt mit dem Reichtum, den ich in mir trage.
Du, mein Gott, der du mich siehst und kennst,
gib mir mehr Zeichen von Dir,
damit der schwache Stamm meines Baumes,
stärker wird und meine Wurzeln tiefer.
Hilf mir wieder auf,
wenn ich in meine schwarze Trauer zurückfalle
und die Farben, die Du geschaffen hast, nicht mehr sehe.
Begleite mich weiter auf meinem steinigen
Weg der Trauer.

AMEN

In der Verzweiflung über den Verlust, mit der dazugehörigen Achterbahn der Gefühle, fällt es schwer, Dankbarkeit zuzulassen und Bleibendes zu erkennen.

Nach dem Tod von Jesus ging es seinen Jüngern ebenso. Nicht einmal, als Jesus nach seiner Auferstehung neben zwei Jüngern herging, erkannten diese ihn, so sehr waren sie noch in ihrer Trauer gefangen.

Formulieren Sie jetzt Ihr Gebet in Ihren eigenen Worten:

Arbeitsheft 3.2

Sprechen Sie laut:

Ich finde in dem dunklen Berg von Trauer etwas, das mir bleibt.
Ich finde in der Tiefe meiner Trauer einen Schatz.

Wenn Sie diesen Text nicht einfach nur ablesen, sondern tief in Ihrem Herzen verinnerlichen und ihn als nahende Wirklichkeit annehmen, bedarf es dazu eines großen Vertrauens. Wie ist es um Ihr Vertrauen bestellt?

Arbeitsheft 3.3

GEBÄRDE ***Beschenkt***

Sie können die Anleitung zu dieser Gebärde auf der CD (Track 6) anhören.

Bilden Sie mit beiden Händen eine Schale und verneigen Sie sich langsam so tief, dass die geöffnete Schale Ihrer Hände die Erde berührt.
Sie sind bereit, von der Erde aufzunehmen.

*Sie begeben sich in den Willen Gottes, was bleibend in Ihnen wachsen und wirken soll und füllen die Schale Ihrer Hände. **

Nun richten Sie sich wieder Wirbel für Wirbel auf.
Sie halten die nun gefüllte Schale weiterhin mit Ihren Armen vor sich.
** Wenn Sie in den Stand gekommen sind, führen Sie die Schale Ihrer Hände Ihrem Herzraum zu. Sie verweilen in dieser Haltung und spüren, wie das, was Ihnen geschenkt ist, in Sie einströmt.*

Verbeugen Sie sich und beenden Sie diese Gebärde.

Was löste diese Gebärde des Beschenktwerdens in Ihnen aus?

Arbeitsheft 3.4

Lassen Sie während der nachfolgenden Meditation Gefühle von Dankbarkeit und Vertrauen in Ihren Herzraum einfließen. Lassen Sie die dem Vater vertrauenden Worte Jesu in Ihnen wirken: »Wenn ihr den Vater um etwas bittet, er wird es euch geben. Habt ihr erbeten – so werdet ihr empfangen, dass eure Freude sei voll erfüllt« (Joh 16,23-24).

Meditation

Eröffnen Sie nun Gott Raum und Gelegenheit, Ihnen zu begegnen.

Arbeitsheft 3.5

VORMITTAGS ARBEIT in HAUS und GARTEN

Kreative SCHREIBÜBUNG *Glücksmomente*

Sie erinnern sich an die Übungen an Station 1, als Sie sich Ihrer schmerzhaften Verluste erinnert haben (vgl. 1.7) und Sie sich intensiv Ihren gegenwärtigen Verlust anschauten. In der jetzigen Übung versetzen Sie sich in die Zeit *vor* Ihrem Verlust. Auch können Sie die Zeiten vor Ihren anderen schmerzhaften Verlusten betrachten. Stellen Sie sich vor, sie säßen auf einem Baum und könnten aus der Vogelperspektive die jeweiligen Zeiten, bevor ein Verlust diese jäh beendete, wie einen Film ablaufen lassen.

Greifen Sie spontan aus jedem »Film« einen Moment heraus, den Sie noch heute mit Momenten unbeschwerten Glücks verbinden.

Arbeitsheft 3.6

Sprechen Sie Ihre Erinnerungen laut.

Spüren Sie noch einmal Ihre schönen Erinnerungen und beschreiben Sie kurz, welches Ihrer Bedürfnisse sich in den angegebenen Momenten in besonderer Weise erfüllt hat. Dies können ganz andere sein, als im Beispiel aufgeführt:

Arbeitsheft 3.7

Diese Übung mag Ihnen bewusst machen, dass sich in Ihrem Schmerz und Ihrer Trauer auch schöne Momente der Erinnerung verbergen.

Oftmals stellt sich nach einem Verlust das Gefühl ein, das Erhaltene nicht genügend wertgeschätzt und dafür gedankt zu haben. Dieses Gefühl haben viele Menschen, denn solange etwas da ist, wird es häufig als eine Selbstverständlichkeit betrachtet. Der Wert des Gewesenen wird häufig erst erfasst, wenn er nicht mehr greifbar ist.

Dank und Wertschätzung können nachgeholt werden. Vielleicht haben Sie das Bedürfnis, bestimmte Menschen anzurufen oder ihnen einen Brief zu schreiben. Die Personen, denen Sie danken möchten, brauchen nicht unbedingt anwesend zu sein. Sie können in den nachfolgenden Übungen Dank für alles, das Sie erleben durften, nachholen.

GESTALTUNG ***Dank***

Reflektieren Sie, welchen Dank Sie nachholen möchten. Sie können dies mündlich oder schriftlich tun. Finden Sie Worte, die Ihre Wertschätzung und Ihren Dank für eine vergangene Zeitspanne in Ihrem Leben zum Ausdruck bringen.

Beispiel einer Dankesrede:

> *Verehrter Chef,*
> *Sie haben mir großen Schmerz zugefügt, indem Sie mir meine Arbeitsstelle kündigten. Ich erinnere mich jedoch gut daran, wie Sie mich zu Fortbildungen sandten, wodurch ich viel lernte. Dieses Wissen kommt mir in meiner jetzigen Stelle zugute. Einmal übergaben Sie mir vor allen Kolleginnen und Kollegen eine Auszeichnungsurkunde. Dies hat mich stolz gemacht.*
> *Durch Ihre Kündigung erhielt ich einen wertvollen Anstoß, mich fortzuentwickeln.*
> *Ich danke Ihnen, dass Sie mich stets fair und gerecht behandelt haben.*

Wenn Sie Ihren Dank ebenfalls in einer Rede ausdrücken möchten, gehen Sie jetzt zu einem imaginären Rednerpult und sprechen Sie laut:

Arbeitsheft 3.8

Wenn Sie Ihren Dank in einem Brief ausdrücken möchten, können Sie sich dafür viel Zeit nehmen. Wählen Sie mit Bedacht das Briefpapier. Ihr Dankesbrief enthält Ihre innere Verbundenheit und stellt eine Brücke zwischen Vergangenem und dem Hier und Jetzt dar. Ihr Brief wird keinen Verlust und Schmerz ungeschehen machen, aber zu einer heilenden Salbe für Ihre innere Wunde werden.

Arbeitsheft 3.9

GESTALTUNGSARBEIT ***Sonne der Erinnerung***

Denken Sie erneut an das, was Sie gerade verloren haben und Anlass Ihrer gegenwärtigen Trauer ist. Welche Bilder kommen in Ihnen hoch, welche Stimmungen, Erlebnisse, welche Musik, Berührungen und Farben?

Woran denken Sie, wenn Sie an Ihren Verlust denken?

Arbeitsheft 3.10

Formen Sie nun für Ihren Verlust eine Sonne aus Ton. Gravieren Sie hinein, welche Erinnerung Sie in sich tragen und bewahren möchten. Legen Sie Ihre Sonne zu Ihrer gestalteten Mitte.

GESTALTUNGSÜBUNG ***Gefäß der Erinnerung***

Gehen Sie jetzt mit einem Gefäß durch Ihre Wohnung und schauen Sie mit Bedacht auf Regale, in Schubladen, an Wände oder in Schränke. Wählen Sie für Ihren Verlust einen Gegenstand, der für Sie symbolisch alles enthält, was Sie mit der Zeit vor Ihrem Verlust verbinden.

Füllen Sie Ihr Gefäß. Welche Symbole befinden sich in Ihrem Gefäß der Erinnerung?

Arbeitsheft 3.11

Ihre Symbole legen Sie nun ebenfalls zu Ihrer gestalteten Mitte, wo bereits die Sonne liegt. Sie geben dadurch Ihrem Verlust in Ihrem gegenwärtigen Leben einen Platz. Der Platz in der Mitte führt Sie dazu, Vergangenes und Bleibendes anzuschauen und zu erkennen.

Spüren Sie in sich hinein, wie es Ihnen bei der Betrachtung von Vergangenem und Bleibendem geht.

Arbeitsheft 3.12

Mittags

Gönnen Sie sich Zeit zum Ausruhen und Nachwirken. Ein Spaziergang in der Natur verschafft Ihnen Bewegung und lässt Sie den Atem Gottes spüren.

Nachmittags

GESTALTUNGSARBEIT *Garten der Erinnerung*

Sie haben heute Vormittag wahrgenommen, dass es neben Ihren Gefühlen der Trauer auch schöne Erinnerungen gibt. Erinnerungen gestalten sich jedoch nicht nur einseitig schön, sondern beinhalten das gesamte Spektrum zwischen Weiß und Schwarz.

Ich möchte Sie an diesem Nachmittag einladen, auf Schönes und Beschwerliches, auf Blühendes und Verdorrtes, auf Fülle und Kargheit zu schauen.

In Ihrem Garten ist für alles Platz. Wie sieht er aus? Ist er groß oder klein? Umzäunt oder durchlässig für Kontakte? Gibt es Bäume, Blumen, Früchte? Gibt es ein Beet mit Saatgut? Gibt es eine Laube, einen Teich, eine Ecke zum Spielen, zum geselligen Beisammensein, einen

Platz zum Ausruhen? Was kann geerntet werden? Gibt es Unkraut? Stacheln? Gartengeräte? Braches?

Wie sieht Ihr Garten der Erinnerung aus? Malen Sie ihn in Farbe auf ein großes Blatt Papier. Lassen Sie sich viel Zeit.

Arbeitsheft 3.13

Sie können in Ihrem Garten auch beschriftete Tafeln anbringen. Was gibt es alles in Ihrem Garten? Was drücken Beete, Bäume, Pflanzen aus?

Schauen Sie Ihren Garten an und kennzeichnen Sie ihn. Beschriften Sie ihn so, dass ein fremder Mensch sich Ihren Garten der Erinnerung vorstellen kann.

Arbeitsheft 3.14

GESTALTUNGSARBEIT *Ernte und Kompost*

Langsam wird es Herbst in Ihrem Garten. Sie haben vor, im nächsten Frühjahr Ihren Garten zu verändern. Gehen Sie langsam durch Ihren Garten und betrachten Sie genau, was in ihm vorhanden ist. Sie ernten, Sie räumen auf und Sie trennen sich von Verdorrtem, Abgestorbenem, Überflüssigem. Sie teilen. Sie treffen die Unterscheidungen sorgfältig in das, was Sie behalten und auf keinen Fall missen möchten und in das, wovon Sie sich trennen möchten.

Notieren Sie, was Sie ernten und sich damit bewahren.

Arbeitsheft 3.15

Schreiben oder malen Sie Ihre Ernte (vgl. 3.15 linke Spalte) auf Zettel und legen Sie diese (oder symbolisch auf andere Weise) in ein Gefäß und stellen Sie es zu Ihrer gestalteten Mitte.

Notieren Sie jetzt, was verdorrt, eingegangen oder zur Verabschiedung reif ist.

Arbeitsheft 3.16

Schreiben Sie das, was verdorrt oder überholt ist, auf einzelne Zettel und bewahren Sie sie in einem feuerfesten Gefäß auf. Das Gefäß stellen Sie in Ihre Meditationsmitte. Wir werden in einem anderen Zusammenhang darauf zurückkommen.

ABENDS TAGESABSCHLUSS mit Ritual, Gebärde, Meditation und Gebet

RITUAL *Erntedank und Weizenkorn*

Gehen Sie zu Ihrer gestalteten Mitte. Gehen Sie achtsam um Ihre Mitte herum und nehmen Sie wahr, welche Spuren Ihr Verlust hinterließ und welche Kraft Sie aus ihnen schöpfen. Betrachten Sie die Symbole Ihres Verlustes. Das, was Ihnen blieb, zeigt sich in Ihrer getöpferten Sonne und Ihrem Erntegefäß.

Spüren Sie dem Kreislauf von Werden und Vergehen nach.

Nehmen Sie eine Handvoll Weizenkörner und vergraben Sie sie in einem vorbereiteten Gefäß mit Erde oder in Ihrem Garten. Säen Sie in dem Bewusstsein, dass in dunkler Erde wieder Neues entsteht, auch wenn das Wachsen zunächst unsichtbar ist. Vertrauen Sie sich dem Gedanken an, dass auch in Ihnen Neues wächst, das zum Licht strebt.

Sprechen Sie laut oder hören Sie den Text auf der CD (Track 7):

Ich akzeptiere meinen erlittenen Verlust.
Er ist geschehen und nichts kann ihn ungeschehen machen.
Traurigkeit erfüllt mich.
Ich sehe, dass mein Verlust mir nicht alles genommen hat.
Ich nehme wahr, dass eine Saat in mir angelegt ist.
Die Saat ruht noch in der Erde und benötigt Zeit,
um sichtbar zu werden.
Das, was bleibt, will erkannt werden, es muss reifen und wachsen.
Du, Sonne, spendest Licht und Wärme, damit das, was bleibt und in mir reift, aus der dunklen Erde herauswachsen kann.
Dich, Sonne, kann ich nicht immer wahrnehmen,
und dennoch gibt es dich.
Auch andere Verluste in meinem Leben hinterließen
sichtbare Spuren in meinem Leben.
Nichts geht verloren.
Ich bin dankbar dafür.
Das, was mir aus Verlusten geblieben ist,
wurde Bestandteil meines gewandelten Daseins
und zu einer neuen Farbe meines veränderten Lebens.
Meine Verluste machten mich zu dem Menschen, der ich bin.

GEBÄRDE *Empfangen*

Stehen Sie auf und verbeugen Sie sich. Strecken Sie Ihre Arme vor sich aus, formen Sie die Hände zu einer Schale. Sie halten diese Schale Gott hin mit dem, was Ihr jetziges Leben aus Vergangenem bereichert. Sie machen sich bewusst, dass Sie vieles empfangen haben, was in Ihnen weiterlebt. * Führen Sie Ihre Kostbarkeit achtsam zu Ihrem Herzraum und kreuzen Sie Ihre Hände über Ihrer Brust. Spüren Sie, wie das Empfangene in Ihr Inneres einfließt und Sie mit der Wirkkraft Gottes durchtränkt. Ihre Hände schützen den kostbaren Schatz in Ihnen. Spüren Sie Ihren Gefühlen nach.

Beenden Sie die Gebärde mit einer Verbeugung.

Sie haben einen intensiven Tag hinter sich. Sie haben sich der Trauerarbeit an Station 3 gestellt und sich mit Vergangenem und Bleibendem auseinandergesetzt. Besonders die Betrachtung des unwiederbringlich Vergangenen war schmerzlich für Sie. Gedanken an das Bleibende mögen Sie trösten. Bevor Sie den Tag beenden, schauen Sie auf Ihre Tagesetappen zurück:

Arbeitsheft 3.17

Meditation

Sitzen Sie heute ein letztes Mal in der Stille. Spüren Sie dem nach, was jetzt am Abend auftaucht. Sprechen Sie laut:

Du, mein Gott, kennst meine Trauer um meine Verluste.
Es fällt mir noch schwer,
    dir zu vertrauen und deinen Willen zu akzeptieren.
Schenke mir deine Gnade, dass ich dich höre.
Ich habe wahrgenommen, was mir geschenkt wurde,
    auch wenn ich es nicht immer ausreichend geschätzt habe.
Ich bin dankbar dafür, dass du mir den Blick geöffnet hast.
Es ist nicht alles zerbrochen.
Manches fühlt sich gar leichter an.
Ich spüre meine Trauer, aber auch eine neue Farbe am Horizont.
Herr, gib mir die Kraft, dass ich nicht neue Hindernisse anziehe,
    die mich verhindern, zu dem Menschen zu werden,
    den du in mir angelegt hast.
Ich war gebeugt,
    mit dir richte ich mich langsam wieder auf.
Ich begebe mich in deinen Willen,
    jeden Tag einen weiteren kleinen Schritt.

AMEN

Station 4

GELIEBT

Traueraufgabe:
Sich öffnen für Selbstannahme und Versöhnung

Sie benötigen: Handspiegel, Stück Pappe, Schüssel, Fläschchen Duftöl, ein feuerfestes Gefäß

Morgens — AUFSTEHEN – HÖREN auf die BOTSCHAFT der NACHT

Was will mir mein Traum sagen?
Welche Botschaft, Symbolik und Entwicklung enthält er?
Genießen Sie ein langsames Wachwerden und lassen Sie Ihren Traum in Ruhe nachwirken.

Atemübung

Öffnen Sie weit die Arme. Umarmen Sie in Gedanken den beginnenden Tag, Ihr Geschenk an sich selbst. Legen Sie im Rhythmus des Atems auf das Einatmen den Satz »Ich nehme« und auf das Ausatmen »mich an«. Lassen Sie Ihren Atem bis in Ihren Beckenraum fließen.

Variation: Sie können Ihren inneren Satz so verändern, dass er für Sie stimmig ist, z. B. »Diese Zeit – gehört mir«, »Ich bin – da«, »Ich – will«, »Hier und – Jetzt«.

Arbeitsheft 4.1

Die heutige Station hat eine zentrale Bedeutung. An den drei bisherigen Stationen haben Sie intensiv Ihrer Trauer und den damit verbundenen Schmerzen und Gefühlen nachgespürt. Die Station 4, als mittlere Position von insgesamt sieben, stellt das Thema Liebe in den Mittelpunkt. Am heutigen Tag werden Sie Schritte zu größerer Selbstliebe machen und sich mit Wohlwollen begegnen. Sie werden sich Ihrer liebevoll und achtsam bewusst und öffnen sich für Versöhnung. Es sind häufig mühsame Versöhnungsprozesse zu durchleben, bevor der Weg durch die Trauer neu ausgerichtet und aufgerichtet fortgesetzt werden kann.

Biblischer Impuls

Das ist mein geliebter Sohn,
an dem ich Wohlgefallen habe.

Mt 3,17

Deinen Nächsten sollst Du lieben wie dich selbst.

Lk 10,27

Da sprach Gott: Lasst uns Menschen machen als unser Abbild, uns ähnlich. […] Gott schuf also den Menschen als sein Abbild; als Abbild Gottes schuf er ihn. Als Mann und Frau schuf er sie.

Gen 1,26a.27

Sprechen Sie laut oder hören Sie den Text auf der CD (Track 8):

Mein Gott,
Du sagst, dass ich andere lieben möge wie mich selbst.
Kann ich mich lieben?
Wenn ich auf das schaue,
was mir nicht gelungen ist, fällt es mir schwer.
Wie oft bin ich Menschen nicht gerecht geworden,
wie oft habe ich beurteilt und verurteilt?
Herr, wie soll ich mich lieben,
wenn ich nicht der/dem entspreche, die/der ich sein möchte,
wenn ich nicht das erreiche, was ich leisten möchte?
Ich war undankbar, ungerecht, ungeduldig und
bin etwas schuldig geblieben.
Herr, wie soll ich mich lieben?
Dann höre ich deine Stimme:
Du bist mein geliebtes Kind.
So, wie du bist, habe ich dich erschaffen.
Sei der, der du bist.
Sei die, die du bist.
Anstelle meines Richters in mir spüre ich deine Liebe,
die nichts erwartet und an keine Bedingung geknüpft ist.
Dein Lebenshauch durchdringt mich
und verschafft mir befreites Atmen.
Ich, dein Ebenbild, danke dir.

AMEN

Die Bibeltexte zeigen die liebevolle Verbundenheit zwischen Gott, als Vater und Mutter zugleich, und Jesus, als Gottes Sohn und unseren Bruder. Gott begleitet auch uns als seine geliebten Kinder. Er reißt Himmel auf, er zeigt sich in Regenbögen oder vermittelt uns auf andere Weise die fundamentale Botschaft: du bist von Gott geliebt.

Welche Unvollkommenheit und welches Scheitern halten Sie Gott hin? Formulieren Sie Ihr Gebet in Ihren eigenen Worten.

Arbeitsheft 4.2

GEBÄRDE *Liebe empfangen*

Halten Sie Ihre Hände mit einem kleinen Abstand vor Ihr Gesicht. Ihre Hände spiegeln Ihnen Ihr Gesicht als Ebenbild Gottes. Spüren Sie die göttliche Wirkkraft zwischen Ihren Händen und Ihrem Gesicht. Fühlen Sie sich als geliebtes Kind. *

Ertasten Sie achtsam Ihr Gesicht und lassen Sie sich von der Liebe Gottes berühren und umfangen. Wann haben Sie sich zuletzt so geliebt gefühlt?

Beenden Sie diese Gebärde.

Was löste diese Gebärde, Liebe zu empfangen und sich damit zu füllen, in Ihnen aus?

Arbeitsheft 4.3

Lassen Sie während der nachfolgenden Meditation Gefühle von Liebe in Ihren Herzraum einfließen.

MEDITATION

Eröffnen Sie Gott Raum und Gelegenheit, Ihnen zu begegnen.

Arbeitsheft 4.4

WAHRNEHMUNGSÜBUNG *Spiegelbild*

Greifen Sie Ihren Handspiegel und blicken Sie hinein. Was sehen Sie?

Die Haare sitzen nicht, die Augen sind müde, das Gesicht ist angespannt, die Schultern verspannt und verhärtet. Lenken Sie nun Ihren Blick in Ihr Inneres, dem Begegnungsraum mit dem Göttlichen. Nehmen Sie wahr, wie Gott Sie als Ihr Vater und Ihre Mutter liebevoll anschaut. Werden Sie sich dieser grenzenlosen Liebe bewusst und schauen Sie sich mit den Augen eines von Gott geliebten Kindes an, das sich über diese Liebe freut.

Das Bewusstsein, geliebt zu werden, wirkt wie ein Weichzeichner. Fragen, Unsicherheiten, Selbstzweifel verblassen, werden weniger und weniger, bis sie sich ganz auflösen. Gott liebt Sie von Anbeginn. Sich selber lieben zu können ist ein Prozess, der Geduld und Zeit benötigt. Freunden Sie sich mit dem Gesicht an, das Sie anblickt. Ob Sie gar ein kleines Lächeln riskieren?

KÖRPERÜBUNG *Selbstannahme*

Oft ist der Körper ein heikles Thema. Viele Menschen mögen Teile ihres Körpers nicht (z. B. mein Bauch, meine Nase, meine Haut, meine Beine, meine Hüften, mein Busen, mein Mund, mein Hals, meine Haare, meine Füße ist/sind zu klein, groß, dick, dünn, schmal, breit).

Ich bitte Sie, sich entspannt hinzulegen oder zu setzen. Spüren Sie in Ihren Körper hinein. Gehen Sie langsam mit Ihrer Aufmerksamkeit zu dem Körperteil, den Sie nicht mögen, den Sie gar ablehnen, dem Sie Beachtung verweigern, den Sie vernachlässigen und den Sie aus innerem Gram haben verdorren lassen. Dieser Körperteil hat resigniert. Er hat sich daran gewöhnt, dass er es nicht wert ist, von Ihnen angesehen und geachtet zu werden. Blicken Sie inwendig hin zu Ihren Sie belastenden Körperbereichen.

Sprechen Sie innerlich, auch wenn es nur kurz ist, zu jedem Körperteil, den Sie nicht vollständig akzeptieren.

Arbeitsheft 4.5

Wenn Sie mehrere Körperteile ablehnen, wiederholen Sie diese Übung für jeden Körperteil einzeln. Sie können diese Übung auch umwandeln auf andere Umstände, die Ihnen schwer fallen anzunehmen, wie z. B. Ihre Herkunft, körperliche Einschränkung, Narben, Kinderlosigkeit.

GESTALTUNGSÜBUNG *Mein Gegenüber*

Setzen Sie sich auf einen Stuhl vor einen großen Spiegel und schauen Sie die Person an, die Ihnen im Spiegel gegenübersitzt. Nehmen Sie diese Person wahr. Diese Person möchten Sie gern kennen lernen. Wer ist die Person im Spiegel? Welche Talente hat sie, welchen Kummer, welche Geheimnisse, welche Träume, welche Kraftquellen? Sprechen Sie mit ihr. Begrüßen Sie sie und tauschen Sie sich mit ihr aus. Sagen Sie ihr in einer positiven, wohlwollenden, liebevollen Grundhaltung, was Sie an ihr wahrnehmen.

Arbeitsheft 4.6

Möglicherweise ist es Ihnen fremd, Vorzüge an sich wahrzunehmen und Lob anzunehmen. Der spirituelle Wandlungsweg der Trauer wandelt auch Ihre bisherige Selbstwahrnehmung, Ihr geschaffenes Selbstbild mit zu hohen oder unrealistischen Ansprüchen und Erwartungen, Ihre Antreiber und Glaubenssätze (vgl. spätere Übungen) sowie Lust- und Freude-Killer.

Schließen Sie den Vormittag ab, indem Sie laut sprechen:

Ich sage zu mir, so wie ich bin, mit allem Licht und Schatten, uneingeschränkt JA.

GESTALTUNGSÜBUNG *ICH liege mir am Herzen*

Gestalten Sie Ihre Mitte neu. Die Mitte ist heute nicht allein dem Göttlichen vorbehalten. Als Ebenbild Gottes räumen Sie sich selbst ebenfalls dort einen Platz ein. Das Herz wird als Ort aller Wahrnehmungen und Empfindungen betrachtet. Heute sind Sie sich selbst eine Herzensangelegenheit. Legen Sie ein großes Herz, das Sie malen, bekleben oder backen als Symbol für sich in die Mitte. Auf das Herz schreiben Sie groß: »ICH liege mir am Herzen.«

Dieses ICH ist nicht anmaßend und selbstherrlich, sondern entspricht Ihrem Ansehen als Gegenüber und Kind Gottes. Sie liegen Ihrem Schöpfer über alle Maßen am Herzen und er wünscht sich, dass Sie sich selbst einen angemessenen Platz ohne Selbstabwertung und Selbstbestrafung einräumen und sich annehmen und lieben, so wie er Sie.

Als trauernder Mensch, mit Schuldgefühlen und beeinträchtigtem Selbstwertgefühl, kann der Wert und Raum, den Sie sich selber zugestehen, nicht groß genug sein. Stehen Sie zu sich und machen Sie sich nicht klein.

MITTAGS

Gönnen Sie sich Zeit zum Ausruhen und Nachwirken. Ein Spaziergang in der Natur verschafft Ihnen Bewegung und lässt Sie den Atem Gottes spüren.

Heute Vormittag haben Sie damit begonnen, mehr und mehr zu sich JA zu sagen und zu Ihrem Kern vorzustoßen, der Ihre Einzigartigkeit ausmacht.

Kreative SCHREIBÜBUNG ***Wer bin ich?***

Legen Sie sich in eine bequeme Position und schließen Sie Ihre Augen. Stellen Sie sich vor Ihrem inneren Auge ein rauschendes Sommerfest vor. Sie sehen wunderbar aus. Sie riechen die Düfte einer lauen Nacht, Sie hören Ihre Familie, Ihren Freundeskreis von nah und fern, Ihre Nachbarn, Ihre Kollegen und wie sich alle angeregt miteinander unterhalten. Immer wieder kommt das Gespräch auf Sie. Lauschen Sie, was über Sie gesprochen wird.

Was denken Sie, was all die Menschen, mit denen Sie in Kontakt sind, an Ihnen schätzen?

Arbeitsheft 4.7

Sprechen Sie laut, was Sie zusammengetragen haben.

Wie geht es Ihnen damit, wenn Sie die Einschätzung dieser Menschen über Sie hören? Sicherlich ist es zunächst ein angenehmes Gefühl, Positives zu hören. Dies befriedigt Grundbedürfnisse nach Anerkennung, Wertschätzung, Respekt, gebraucht zu werden, etwas Sinnvolles zu tun und nach Zugehörigkeit.

Kann es sein, dass sich auch Ärger einschleicht, weil Sie z. B. Ihre Tante am liebsten wegen ihrer Neugierde nicht eingeladen hätten, Ihre Freundin Sie wegen ihrer ständigen Jammerei nervt, Ihre Schwester Ihnen jede Party vermiest und Ihr Kollege erfolgreich seine Arbeit auf Sie abschiebt?

Bei genauer Betrachtung werden wir häufig für Eigenschaften geschätzt, die ein gehöriges Maß an Anpassung erfordern, es vielleicht sogar überschreiten. Jedermanns und Jederfraus Liebling zu sein, erfordert viel Anstrengung und Unterdrückung von wesentlichen Seiten des wahren Selbst. Ein spiritueller Weg führt jedoch gerade hin zur eigenen Authentizität, zu Stärken und Schwächen. Dieser Weg fördert Selbsterkenntnis und Selbstannahme und fordert genügend Raum für Menschwerdung und Entwicklung. Sie sind gefordert, Ihre eigenen Wünsche und Belange klar zu vertreten. Dies ist nur möglich, indem Sie Prioritäten und Grenzen setzen und bestimmt »Nein« sagen.

Doch wer sind Sie im tiefsten inneren Kern? Wer sind Sie, wenn all das abfiele, weswegen Sie geschätzt werden? Wie finden Sie sich wieder, wenn sich Ihr Selbst im Sog der Anpassungsleistungen weit von Ihnen entfernt hat?

GESTALTUNGSÜBUNG *Wegweiser zu unentdecktem Potenzial*

Das vorherige Thema leitet hin zu Teilaspekten des Menschen, den Gott in Ihnen angelegt hat.

Möchten Sie nicht manchmal ein ganz anderer Mensch sein? Spüren Sie nicht manchmal Kräfte in sich, denen Sie sich schnell wieder verschließen? Die Reise zu sich selbst ist eine Reise in unbekannte Landschaften, die von Ängsten begleitet ist. Die Reise zu sich selbst ist auch die spannendste und abenteuerlichste Reise, auf die Sie sich begeben können.

Die nachfolgende Übung dient dazu, neue Seiten an sich zu entdecken und zeigt ein Potenzial auf, das Sie in sich freilegen und leben können.

Die Übung besteht aus zwei Teilen. Im ersten Teil notieren Sie, wer Ihr größter Feind/Ihre größte Feindin ist und über welche Menschen Sie sich ärgern. Sie denken darüber nach, was diese Menschen haben, was Sie vermeintlich nicht haben und um was Sie diese Menschen beneiden. Im zweiten Teil denken Sie über Ihre Vorbilder nach und wofür Sie diese Menschen bewundern.

📄✏ **Arbeitsheft 4.8 a)**

📄✏ **Arbeitsheft 4.8 b)**

Die in der rechten Spalte der Übungen 4.8 a) und b) von Ihnen notierten Eigenschaften und Fähigkeiten sind auch in Ihnen verborgen. Gerade Widersacher geben viel Aufschluss über sich selbst. Auch Ihre Vorbilder leben Seiten, die Sie sich (noch) nicht zu leben trauen. Vielleicht sind Sie noch durch innere Antreiber und Glaubenssätze gehemmt, dieses Potenzial in Ihnen sichtbar werden zu lassen. Vielleicht bedarf es noch Zeit, um Ängste abzubauen. Auf dem Weg zu sich lassen Sie manches am Wegesrand zurück, das andere Menschen unterhalten und von ihrer Leere abgelenkt hat. Rechnen Sie damit, dass diese Menschen Ihnen Ihre vermeintliche Liebe entziehen. Sie werden lernen, allein für sich einzustehen und sich Ihrer Lebensverantwortung zu stellen.

In dieser Zeit hilft Ihnen die Gewissheit, von Gott geliebt zu sein. Er liebt Sie bedingungslos, unabhängig von dem, was Sie tun oder nicht tun. Diese Liebe wird Ihr Inneres immer weiter füllen und Sie stärken. Je größer die Gewissheit, Gottes geliebtes Kind zu sein, in Ihnen Raum greift, umso mehr schwinden Ihre Ängste im äußeren Umfeld.

Es geht nicht darum, andere Menschen vor den Kopf zu stoßen oder nie mehr Zeit für sie zu haben oder ihnen nie mehr gefällig zu sein. Es geht darum, dass Sie Ihrer eigenen Aufgabe, die Sie haben, nämlich sich selbst zu finden und zu erkennen, nicht ausweichen und sie vernachlässigen. Es gilt, eine Balance zwischen Ihrem ureigenen, persönlichen Weg und den Erwartungen der Außenwelt zu finden.

Tragen Sie nun die Wegweiser, die zu Ihrem unentdeckten Potenzial führen, zusammen:

📄✏ **Arbeitsheft 4.9**

Schneiden Sie Ihre Wegweiser aus Pappe aus und beschriften Sie sie und legen Sie sie zu Ihrer gestalteten Mitte.

Glaubenssätze sind Generalisierungen und immer wiederkehrende typische Sätze, die meistens in der Kindheit übernommen wurden. Sie hatten zunächst eine Schutzfunktion. Sie sind so fest in den Gedanken verankert, dass häufig nicht bemerkt wird, wie sie im späteren Leben Hemmungen erzeugen oder die Handlungsfähigkeit einschränken. Sie enthalten negative Vorannahmen (z. B. beinhaltet der Glaubenssatz »Ohne Fleiß kein Preis« die Vorannahme, dass alles wertlos ist, was ohne Anstrengung erreicht wird).

Glaubenssätze können somit zu geschlossenen Türen werden, die Wege versperren. Um zu Ihrem eigentlichen Wesenskern zu gelangen, ist es notwendig, mehr und mehr hindernde Glaubenssätze aufzuspüren, sie bewusst zu machen, zu hinterfragen, umzudeuten und loszulassen.

Innere Antreiber sind Lebensregeln, die Sie verinnerlicht haben, wie Sie etwas zu tun haben oder sein sollen. Ihren Antreibern verdanken Sie, dass Sie es zu etwas bringen. Bleiben sie jedoch unbewusst, werden diese Kräfte Sie unbarmherzig quälen und Ihnen Muße, Entspannung und Freude verderben. Kraftvolle Antreiber sind: Sei perfekt. Sei schnell. Mach es allen recht. Streng dich an. Sei stark.

Spüren Sie Glaubenssätze und innere Antreiber auf und woher sie rühren.

Arbeitsheft 4.10

Spüren Sie nach, welche Glaubenssätze sich als Hindernis auf Ihrem Lebensweg entwickelt haben.

Arbeitsheft 4.11

So, wie Sie Hindernisse auf realen Wegen umlaufen, überspringen oder einfach beiseite räumen können, können Sie auch Glaubenssätze ändern und neue installieren. Spüren Sie in sich hinein, welche Sie auf Ihre Weise leben wollen. Die obigen Beispiele können Sie selbstbewusst abändern in: Eigenlob stinkt nur, wenn es ungerechtfertigt ist. Das Leben ist manchmal schwer, aber es ist auch voller Freude. Ich darf auch unbescheiden sein.

Sie können verschiedene Varianten ausprobieren. Ändern, werfen Sie Glaubenssätze über Bord oder erfinden Sie welche für sich neu, so wie es für Sie stimmig ist.

Arbeitsheft 4.12
Arbeitsheft 4.13
Arbeitsheft 4.14

Kreative SCHREIBÜBUNG *Bekennen*

Schuldgefühle, Ambivalenzen, unerledigte Konflikte und Gefühle, etwas Wichtiges versäumt zu haben, hindern daran, sich selber mit einem uneingeschränkten »Ja« annehmen zu können. Dies ist nicht nur im Zusammenhang mit Ihrem gegenwärtigen Verlust zu sehen. Damit Sie sich weiter mit sich versöhnen können, ist es notwendig, Handlungen und Unterlassungen aufzuspüren, die Sie sich nicht verziehen haben. Es geht hierbei nicht um Moralisierung und Bewertung, sondern darum, dass Sie selber Verantwortung für sich übernehmen und Situationen klären. Ebenso wichtig ist es, sich die Menschen zu vergegenwärtigen, denen Sie nicht verzeihen können.

Sie sind erst frei und offen für Ihren weiteren Trauerweg, wenn Sie Versöhnung geschehen lassen.

Im ersten Schritt wenden Sie sich dem zu, was durch eigenes Handeln oder durch Versäumnis Ihre Seele beschwert.

Schreiben Sie auf, was Sie sich nicht verzeihen können.

Arbeitsheft 4.15

Es mag Sie erleichtern, Ihre Schuld oder Ihr Versäumtes in einem Brief zu bekennen.

Arbeitsheft 4.16

Um den Brief zu formulieren, in dem Sie Ihre Schuld oder Ihr Versäumnis bekennen, benötigen Sie Zeit zum Nachdenken. Sie können diesen Brief oder mehrere Briefe auch in den folgenden Tagen schreiben. Legen Sie Ihre/n Brief/e in ein feuerfestes Gefäß zu Ihrer gestalteten Mitte.

Im zweiten Schritt wenden Sie sich den Personen zu, die Sie verletzt haben und denen Sie nicht verzeihen können. Wer sind diese Menschen? Schauen Sie diese Personen mit Ihrem inneren Auge liebevoll an.

Begeben Sie sich in die Vogelperspektive und schauen Sie sich genau an, was vorgefallen ist. Betrachten Sie sich im Zusammenwirken mit den anderen. Nehmen Sie auch ehrlich wahr, wie Sie eventuell durch eigenes Zutun oder Unterlassen zu einer Situation beigetragen haben. Vielleicht reicht dieses Anschauen und Sie können eine Situation auf sich beruhen lassen, ohne dass sie noch weiter schmerzt. Sie erkennen Ihre eigene Rolle und mit etwas Humor können Sie ein offenes Kapitel schließen.

Es kann auch sein, dass Sie nicht wissen, wie Sie den Kontakt mit einem Menschen aufnehmen können, ohne dass Ihre Verletzung übergangen wird. Schreiben Sie im Arbeitsheft auf, was Sie erleichtern würde. Benötigen Sie ein Wort der Entschuldigung oder einfach, die Situation noch einmal in Ruhe zu bereden?

Arbeitsheft 4.17

Ich möchte Sie einladen, den Gestaltungsspielraum in Ihrem Leben zu nutzen. Sie können den ersten Schritt wagen und den anderen um ein Gespräch bitten. Sie können ihm vermitteln, dass Ihnen an ihm etwas liegt und Sie deswegen Missverständnisse und Kränkungen aus der Welt schaffen möchten. Vielleicht geht es dem anderen ebenso und er wird erleichtert auf Ihren Vorschlag eingehen. Es erscheint ratsam, sich innerlich darauf einzustellen, dass bei einem Zusammenkommen auf beiden Seiten Unsicherheit bestehen wird. In dem Bemühen, auch den anderen anzuhören und zu verstehen, sollte es Ihnen gelingen, in ruhigem Ton darzustellen, was Sie verletzt hat, wo Sie getroffen wurden und um was Sie bitten. Wenn der andere nicht darauf eingeht, gibt Ihnen heute Abend ein Ritual dennoch die Möglichkeit des Loslassens.

ABENDS TAGESABSCHLUSS mit Ritual, Meditation und Segen

RITUAL *Versöhnung*

Heute Nachmittag haben Sie sich an Menschen erinnert, die Ihnen und denen Sie Schmerzen zugefügt haben. Mit einigen können Sie das Vorgefallene persönlich bereinigen. Einige Menschen leben vielleicht nicht mehr oder verweigern Ihnen eine Aussprache. Ihr eigener innerer Versöhnungsprozess ist jedoch unabhängig davon, ob ein anderer Mensch zur Versöhnung bereit ist.

Hören Sie in sich hinein. Überlegen Sie genau, wem Sie was vergeben möchten. Ihre Vergebung wirkt nur, wenn Sie in Ihrem tiefsten Herzen Ihre Verletzung loslassen. Sie spüren, wann Sie bereit sind und wann der richtige Zeitpunkt da ist. Schreiben Sie auf, wem Sie was vergeben möchten.

Arbeitsheft 4.18

Sprechen Sie laut, was Sie soeben aufgeschrieben haben.

Ebenso können Sie innerlich benennen, wofür Sie um Vergebung bitten.

Arbeitsheft 4.19

Sprechen Sie laut, was Sie soeben aufgeschrieben haben.

Der spirituelle Trauerweg ist ein Klärungs- und Reinigungsweg. Dieses wird an dieser zentralen Station 4, die der Liebe und Selbstliebe gewidmet ist, besonders sichtbar.

RITUAL *Wasser und Öl*

Sie haben einen intensiven Tag verbracht, um zu klären, was Ihnen im Wege steht, um sich und andere anzunehmen und zu lieben. Sie haben Auseinandersetzung und erste Schritte zur Versöhnung zugelassen.

Waschen Sie Ihre Hände in Ihrer vorbereiteten Schale mit Wasser sehr bewusst. Das Waschen ist ein äußerer Akt der Reinigung, der sich mit Ihren inneren Schritten verbindet.

Sie haben Öl bereitgestellt. Geben Sie sich das Friedenskreuz auf die Stirn. Das Zeichen des Kreuzes wird dabei mit einem Kreis umschlossen. Mit dieser Handlung mögen Sie darum bitten, dass Sie Ihren inneren Frieden bewahren, dass Ihnen Friedvolles entgegenkomme und Sie selber zum Frieden werden mögen.

Konnten Sie einiges loslassen? Bedenken Sie, dass ungute Verstrickungen über Jahre und Jahrzehnte gewachsen sind. Das Loslassen braucht seine Zeit. Wichtig ist, dass Sie den Prozess des Verzeihens und Loslassens begonnen haben. Dieser Prozess wird nie aufhören. Sich und anderen zu verzeihen und zu vergeben ist der zentrale Schlüssel, damit Sie innerlich frei werden und unverbunden mit Schuld.

Notieren Sie Ihre Gedanken zum Tagesausklang.

Arbeitsheft 4.20

Meditation

Sitzen Sie heute ein letztes Mal in der Stille. Spüren Sie dem nach, was jetzt am Abend auftaucht. Sprechen Sie laut:

Bitte führe mich weiter auf dem Weg durch die Trauer,
der ein Weg ist zu dir und zu mir.
Begleite mich auf meinem Weg.
Ich will ihn mehr und mehr in meinen eigenen Schuhen gehen.
Ich lasse auf diesem Weg Anpassung, Vergleiche mit anderen
und quälende Gedanken an die Vergangenheit zurück,
um mich zu finden.
Mein Trauerweg führt mich zu Kraftquellen und Ressourcen meines
unverwechselbaren und einmaligen Wesens.
Ich bin geliebt und darf sein, auch ohne Leistung.
Du, mein Gott, liebst mich bedingungslos.
Ich danke dir, mein Gott, dass du die Fesseln löst, die ich mir angelegt
habe, in Form von überhöhten Ansprüchen an mich selbst,
durch Fliehen vor deinem Ruf, durch Anpassungen,
um geliebt zu werden und durch Erfüllung der Erwartungen
anderer an mich.
Ich danke dir, dass du mich spüren lässt,
dass ich an mir nicht verzweifeln muss.
Ich danke dir, dass ich Schuld lösen kann,
durch die ich andere an mich kette.
Ich komme mehr und mehr zur Mitte.
Ich lasse mein Getriebensein
und finde Ruhe in dir.
Ich lerne, Geduld mit mir zu haben
und mich zu lieben und in Frieden zu sein.
Jeden Tag ein Stückchen mehr.
Ich danke dir.

AMEN

Station 5
GERUFEN und GENÄHRT

Traueraufgabe:
Kraftquellen und Ressourcen erkennen

Sie benötigen: Ton (oder tonähnliche Modelliermasse wie z. B. Efaplast), Stück Pappe, ein körpergroßes festes Papier (z. B. von einer Papierrolle)

Morgens – AUFSTEHEN – Hören auf die BOTSCHAFT der NACHT

Was will mein Traum mir sagen?
Welche Botschaft, Symbolik und Entwicklung enthält er?
Genießen Sie ein langsames Wachwerden und lassen Sie Ihren Traum in Ruhe nachwirken.

Atemübung

Öffnen Sie weit die Arme. Umarmen Sie in Gedanken den beginnenden Tag, Ihr Geschenk an sich selbst. Legen Sie im Rhythmus des Atems auf das Einatmen den Satz »Ich bin« und auf das Ausatmen »da«. Lassen Sie Ihren Atem bis in Ihren Beckenraum fließen.

Variation: Sie können Ihren inneren Satz so verändern, dass er für Sie stimmig ist, z. B. »Diese Zeit – gehört mir«, »Ich – will«, »Hier und – Jetzt«.

Arbeitsheft 5.1

Nachdem Sie an Station 4 Schritte zur Selbstannahme und Versöhnung gegangen sind, werden Sie sich in den Übungen der Station 5 der zentralen Frage nähern »Wer bin ich?«. Sie schauen auf Ressourcen, die Ihnen zur Verfügung stehen, um Behinderungen auf Ihrem Lebensweg abzubauen und Ihren Ruf in die Welt anzunehmen.

Biblischer Impuls

Ich gebe dir verborgene Schätze und Reichtümer, die im Dunkeln versteckt sind. So sollst du erkennen, dass ich der Herr bin, der dich bei deinem Namen ruft.

Jes 45,3

Niemand zündet ein Licht an und stellt es in einen versteckten Winkel oder stülpt ein Gefäß darüber, sondern man stellt es auf einen Leuchter, damit alle, die eintreten, es leuchten sehen.

Lk 11,33

Der Herr ist mein Hirte, mir wird nichts mangeln.

Ps 23,1

Seht, ich sende euch Korn, Wein und Öl, damit ihr euch daran sättigen könnt.

Joel 2,19

Herr, mein Gott,
ich bin. Aber wie?
Gott, lass mich deinen Ruf hören.
Lass mich zur Ruhe kommen, damit ich dich wahrnehme.
Dein Ruf erschreckt mich,
ich kann nicht mehr ausweichen.
Halte ich es aus zu wissen, so sehr von Dir gewollt zu sein?
Kann ich mich über mein Sein freuen und dankbar sein?
Fällt es mir nicht noch immer schwer,
mich und andere zu lieben und anzunehmen?
Nimm mir die Furcht, dir zu begegnen.
Stärke mich in der Annahme meines Schicksals.
Ich will dir vertrauen, dass du mich siehst
und meine Schritte leitest.
Gott, stärke und tröste mich.
Führe mich zu mir selbst und nicht dahin,
wie andere mich haben möchten.
Herr, ich begebe mich in deinen Willen.
Ich vertraue dir, dass du mir alles gibst,
was ich im Moment benötige,
um den nächsten kleinen Schritt zu gehen.

AMEN

KÖRPERÜBUNG *Ich bin*

Von Ihrem Schöpfer werden Sie eines Tages nicht gefragt werden, wie weit Sie es geschafft haben, sich Ihrem selbst geschaffenen Bild anzunähern, sondern er wird Sie fragen: »Liebes Kind, bist Du in deinem Leben wahrhaftig .... (Setzen Sie Ihren Vornamen ein), gewesen?«

Während der nachfolgenden Übung können Sie die Frage »Wer bin ich?« in sich aufnehmen.

Sie können die Anleitung zu dieser Übung auf der CD (Track 9) anhören.

Gehen Sie in den Stand, beide Beine fest im Boden verwurzelt. Spüren Sie die Kraft, die aus dem Urgrund von unten und der Wirkkraft des Geistes von oben in Sie einströmt. Spüren Sie, wie Sie innerlich kräftig werden. Wie stehen Sie?

Sind Ihre Schultern angstvoll nach oben gezogen, verspannt, Ihr Rückgrat verhärtet?

*Spüren Sie, wie Ihre innere Kraft Sie aufrichtet. Spüren Sie, wie Sie von Ihrem Scheitelpunkt am Kopf wie von einem goldenen Faden nach oben gezogen werden. **

*Breiten Sie nun Ihre Arme aus. Nehmen Sie Ihre kraftvolle Gestalt von den Zehenspitzen bis zum Scheitelpunkt, von den linken Fingerspitzen bis zu den rechten wahr. **

*Drehen Sie Ihre Handflächen, als wollten sie die Welt gleich einem dicken Ball umarmen. Ergreifen Sie den Raum um sich. **

Klopfen Sie nun Ihren Brust- und Bauchraum ab, so wie es für Sie angenehm ist. Tönen Sie dazu in den Schwingungen Ihres Körpers »ICH – BIN«. Spüren Sie sich mit allen Fasern Ihres Leibes.

Bisher haben Sie überwiegend Ihren Schmerz und Verlust gespürt. Lernen Sie wieder, sich selbst wahrzunehmen und zu spüren.

GEBÄRDE *Gerufen sein*

Sie können die Anleitung zu dieser Gebärde auf der CD (Track 10) anhören.

Legen Sie sich auf den Boden und begeben Sie sich in eine embryonale Stellung. Stellen Sie sich vor, wie eine leise Stimme Ihren Namen ruft. Die Stimme wird eindringlicher.

Sie werden immer wieder gerufen: langsam, schnell, laut, leise, flüsternd, ungeduldig, mahnend, zärtlich, werbend. Spüren Sie in sich hinein, wie geht es Ihnen, wenn Sie die Rufe hören?

Wie möchten Sie reagieren?

Möchten Sie am liebsten im Boden verschwinden, um dem Ruf zu entkommen? Oder lauschen Sie dem Ruf? Oder möchten Sie am liebsten aufspringen und antworten: »Hier bin ich.«?

Stehen Sie wieder auf, verneigen Sie sich und beenden Sie diese Gebärde.
Was löste die Gebärde, gerufen zu sein, in Ihnen aus?

Arbeitsheft 5.2

Formulieren Sie unter diesem Eindruck des Gerufenseins Ihr Gebet in Ihren eigenen Worten.

Arbeitsheft 5.3

MEDITATION

Eröffnen Sie Gott Raum und Gelegenheit, Ihnen zu begegnen.

Arbeitsheft 5.4

Vormittags ARBEIT in HAUS und GARTEN

GESTALTUNGSARBEIT *Körperbild – Body chart*

Um sich der Frage zu nähern, wer Sie sind, malen Sie Ihren Körperumriss (vom Kopf bis zu den Füßen) auf eine Papierrolle oder bitten Sie jemanden, dies für Sie zu tun. Sie bestimmen, in welcher Körperhaltung Ihr Abdruck genommen wird.

Schneiden Sie Ihren Umriss aus und gestalten Sie Vor- und Rückseite, den Kopf, den Leib, die Arme und Hände, den Bauchraum und Unterleib, die Füße bis hin zu den Zehen.

Nehmen Sie sich viel Zeit für die Gestaltung Ihres Körperbildes. Gestalten Sie es von vorn und von hinten. Lassen Sie es anschließend auf sich wirken. Betrachten Sie Vorderseite und Rückseite.

Welche Empfindungen kommen in Ihnen hoch, wenn Sie Ihr Körperbild anschauen?

Arbeitsheft 5.5

Kreative SCHREIBARBEIT ***Bewusstheit des eigenen Namens***

Gott weiß, wer Sie sind, er hat Sie bei Ihrem Namen gerufen. Wissen Sie, wer Sie sind? Meistens wissen wir eher, wer wir sein wollen oder sollten. Zu unserer Aufgabe im Leben gehört es jedoch herauszufinden, wer wir wirklich sind. Die Übungen an dieser Station sollen zu einer Klärung beitragen.

Wenn Sie jemand fragt, wer Sie sind, antworten Sie dann: »Ich heiße …… (z. B. Emilia) oder antworten Sie »Ich bin …… (z. B. Emilia)«? Leben Sie eine Rolle oder leben Sie sich?

Wie stehen Sie zu Ihrem Namen? Akzeptieren Sie ihn, gefällt er Ihnen, freuen Sie sich sogar, diesen Namen erhalten zu haben? Oder verübeln Sie Ihren Eltern, dass sie Ihnen diesen Namen gegeben haben? Wissen Sie, welche Vorstellungen Ihre Eltern mit Ihrem Namen verbunden haben? Schämen Sie sich Ihres Namens, halten Sie ihn geheim oder haben Sie ihn längst vergraben und durch einen anderen ersetzt?

Diese Übung ermöglicht Ihnen einen bewussten Zugang zu Ihrem Namen.

Schreiben Sie alle Buchstaben Ihres Namens auf und bilden Sie

Wörter, die mit den verschiedenen Anfangsbuchstaben beginnen. Anschließend bilden Sie aus den Wörtern einen Satz oder eine Geschichte in der Ich-Form.

Arbeitsheft 5.6

Sie können diese Namenwörter auch mit feinem Pinsel und schwarzer Tusche malen. Auch kalligrafisches Malen kann für Sie zur Meditation werden.

GESTALTUNGSARBEIT *Selbstdarstellung als Tier*

Über die metaphorische Selbstdarstellung wird eine Möglichkeit eröffnet, auf überraschende – positive wie negative – Aspekte Ihrer selbst zu stoßen. In der Gestaltung wird es Ihnen leichter fallen, Gefühle lebendig werden zu lassen.

Nehmen Sie einen Klumpen Ton und formen Sie »Ihr« Tier. Vielleicht gehen Sie an die Gestaltung mit einer Idee im Kopf heran. Vielleicht wagen Sie es, sich auf ein Tun einzulassen, das Ihnen unbekannt ist, indem Sie geschehen lassen, was sich entwickelt. Bewegen Sie den Ton in Ihrer Hand hin und her und spüren Sie, wie er unter Ihren Händen weich wird und sich formen lässt. Entwickeln Sie ein liebevolles, wohlwollendes Gefühl gegenüber der Tonmasse, bringen Sie Ihrem entstehenden Tier Wohlwollen und Freundlichkeit entgegen.

Was entsteht unter Ihren Händen? Sind Sie mit Freude dabei? Improvisieren Sie? Haben Sie von sich als Tier eine exakte Vorstellung oder nehmen Sie staunend wahr, was geschieht? Ist Ihr Tier eher einfach und klar oder hat es Verzierungen? Ist es eher real gestaltet oder handelt es sich um ein Fabelwesen? Ist die Oberfläche rau oder glatt? Welche Aspekte begegnen Ihnen in Ihrer Plastik?

Lassen Sie »Ihr« Tier Gestalt annehmen. Wenn »Ihr« Tier fertig ist, betrachten Sie Ihre Tonfigur. Drehen Sie sie, wenden Sie sie, entdecken Sie, was entstanden ist.

Arbeitsheft 5.7

Kreative SCHREIBÜBUNG ***Beschreibung als Tier***

Das Tier gewährt Ihnen neue Einblicke in Ihre Persönlichkeit. Die Verwendung der Metapher Ihres gewählten Tieres ermöglicht es Ihnen, eine Beziehung zwischen dem Tier und Ihnen herzustellen und Ähnlichkeiten zu erkennen.

Beschreiben Sie Eigenschaften, Fähigkeiten, Verhaltensweisen und Bedürfnisse, die Sie mit diesem Tier verbinden, in der ICH-Form.

Arbeitsheft 5.8

Hat das Tier Eigenschaften und Fähigkeiten, die Sie sich selber wünschen? Hat es Eigenschaften und Fähigkeiten, um die Sie das Tier beneiden?

Arbeitsheft 5.9

Was Sie soeben festgehalten haben, zeigt Ihnen, welches Potenzial Sie in sich selbst entdecken können. Alle Eigenschaften und Fähigkeiten, über die »Ihr« Tier verfügt, sind auch in Ihnen vorhanden.

Mittags

Gönnen Sie sich Zeit zum Ausruhen und Nachwirken. Ein Spaziergang in der Natur verschafft Ihnen Bewegung und lässt Sie den Atem Gottes spüren.

Nachmittags

Heute Vormittag haben Sie Ihre Entdeckungsreise fortgesetzt, wer Sie sind. Heute Nachmittag werden Sie sich bewusst, was Sie trägt und nährt.

GESTALTUNGSARBEIT *Wertefundament*

Ihre Persönlichkeit wird durch Prägungen, Eigenschaften und Fähigkeiten bestimmt. Dies mag Sie anregen, über folgende Fragen nachzudenken:
Was prägt und trägt mich? Was gibt mir Halt und Festigkeit? Was macht mich stark? Auf wen oder was vertraue ich?

Arbeitsheft 5.10

Ihre Lebensausrichtung ist auf bestimmten Werten aufgebaut. Welches sind Werte und Prioritäten in Ihrem Leben? Nehmen Sie bewusst wahr, was Ihre Werte sind. Möglicherweise stoßen Sie auf Werte, die Sie für andere Menschen leben. Falls dies der Fall sein sollte, mag die Übung Sie anregen, sich bewusster auf sich selbst zu konzentrieren.

Beschriften Sie Ziegelsteine (geschnitten aus Pappe) mit Ihren Werten, die das Fundament Ihres Lebenshauses bilden.

Arbeitsheft 5.11

Kleben Sie Ihre Werteziegel zusammen und legen Sie sie zu Ihrer gestalteten Mitte.

IMAGINATION *Es war einmal ein kleines Kind*

Sie verfügen über Talente, die sich verloren haben oder die bisher noch keinen Raum gefunden haben. Diese Übung ergänzt die Hinweise, die Sie bereits durch Ihr gestaltetes Tier über sich erhalten haben. Die jetzige Entdeckungstour gibt Ihnen Anhaltspunkte, wo Sie weiteres Potenzial freilegen und zum Schatzgräber werden können.

Erwecken Sie in einer entspannten Körperhaltung das Kind, das Sie waren, zu neuem Leben. Sehen Sie es vor sich in seiner Spielecke, im Spiel und Wettkampf mit anderen Kindern, beschäftigt mit sich allein und mit anderen, von den Eltern gelobt und gestraft, wie es heimlich ausreißt, wie es etwas Verbotenes tut, wie es traurig ist oder sich freut.

Sehen Sie dieses Kind liebevoll vor sich. Worin konnte es völlig versinken, was fiel ihm besonders leicht, was machte ihm besondere Freude, was war besonders liebenswert an diesem Kind?

Arbeitsheft 5.12

Betrachten Sie, was Sie als Kind ausmachte. Auch wenn Sie sich fortentwickelt haben, haben Sie noch immer denselben Wesenskern. Kann es sein, dass eine frühere Fähigkeit von Ihnen untergegangen ist oder von Ihnen nicht mehr gepflegt wurde? Gibt es Zugeschüttetes, das Sie gern wieder freilegen würden? Gibt es etwas, das Sie bisher nicht oder nur unzureichend leben konnten?

Arbeitsheft 5.13

IMAGINATION *Aufgabendelegation*

Stellen Sie sich Ihre vergangene oder augenblickliche Partnerschaft vor. Häufig wird ein Arrangement an Aufgabenverteilung getroffen. Spüren Sie dieser Verteilung nach und kreuzen Sie an, was eher in

Ihren Bereich, was in den Ihrer Partnerin bzw. Ihres Partners oder in Bereiche von Ihnen beiden fiel bzw. fällt.

Arbeitsheft 5.14

Die rechte Spalte, die die »delegierten« Aufgaben enthält, gibt Aufschluss über Ressourcen, die auch in Ihnen angelegt sein können, die nur aus den unterschiedlichsten Gründen bisher nicht gelebt werden konnten. Aufgrund einer eventuell über Jahrzehnte praktizierten Übereinkunft haben Sie sich vielleicht aus diesen Bereichen herausgehalten oder Sie überließen bisher einfach Ihrer Partnerin oder Ihrem Partner den Vortritt.

In Ihrer gegenwärtigen Trauersituation können Sie es als eine Herausforderung betrachten, sich an neue Aufgaben heranzuwagen. Vielleicht sind Sie ohnehin dazu gezwungen oder Sie suchen ein Gespräch, um über eine geänderte Aufgabenverteilung zu sprechen. Nur durch Ausprobieren in anderen Feldern werden Sie herauszufinden, wo Ihr eigenes Licht zusätzlich leuchten kann.

Wenn in Ihnen das Bedürfnis aufkommt, Ihrer Partnerin und Ihrem Partner für die Erledigung dieser Aufgaben, von denen sie/er Sie bisher entlastet hat, zu danken, folgen Sie Ihrem Impuls.

Sie können nach den Übungen → Arbeitsheft 3.8 und 3.9 vorgehen.

WAHRNEHMUNG *Fremdwahrnehmung*

Freunde sind Ihnen gegenüber wohlwollend eingestellt und nehmen Sie aus einer Außenperspektive anders wahr, als Sie dies selber tun. Sie können aus dieser Quelle der Fremdwahrnehmung schöpfen, um weiter zu sich vorzudringen. Eine gute Freundschaft verträgt Ehrlichkeit. Gute Freunde werden Ihnen sicherlich gern Fragen beantworten wie:

- Siehst Du in mir Ressourcen, die ich deiner Ansicht nach bisher vernachlässigt habe?
- Siehst Du in mir Ressourcen, die mir bisher nicht selber bewusst sind?
- Siehst Du in mir Qualitäten in Bereichen, in denen ich mich ausprobieren sollte?
- Was traust Du mir spontan zu?
- Was denkst Du, was mir guttäte?

Was glauben Sie, was Ihnen Ihre Freunde antworten würden?

Arbeitsheft 5.15

Nehmen Sie Kontakt mit Ihren Freunden auf, um mehr über Ihr Potenzial zu erfahren. Wenn Sie demnächst die tatsächlich erhaltenen Empfehlungen mit Ihren vermuteten Antworten unter 5.15 vergleichen, werden Sie erfahren, ob Ihr Freund/Ihre Freundin Sie richtig eingeschätzt haben. Eine Übereinstimmung weist auch darauf hin, dass Sie in Ihrem Inneren wissen, welches ungelebte Potenzial in Ihnen vorhanden ist und belebt werden möchte.

WAHRNEHMUNGSÜBUNG *Kraftquellen*

Ihr schmerzlicher Trauerweg gibt Ihnen die Chance, sich selber besser kennen zu lernen und sich neu auszurichten. Diese Aufgabe wird Sie intensiv in Anspruch nehmen. Damit Sie sich nicht übernehmen, ist es wichtig, dass Sie sich bewusst machen, welche Quellen Sie nähren, wenn Sie erschöpft sind.

Was gibt Ihnen neue Kraft?

Arbeitsheft 5.16

WAHRNEHMUNG *Verteidigungsrede*

Sie haben durch die Übungen an Station 4 und dieser Station ein Gespür dafür bekommen, was Ihre einzigartige Persönlichkeit ausmacht, sei es bereits sichtbar oder noch verborgen. Sie sind in Ihrer einmaligen Anlegung genauso von Gott gewollt und gerufen, um diese Einzigartigkeit in der Welt als Abbild einer Facette Gottes erstrahlen zu lassen.

Unter diesem Eindruck wird es Ihnen nicht schwerfallen, eine flammende Verteidigungsrede auf sich selber zu halten. Wenn Sie Ihr Leben betrachten, können Sie viel Gelungenes wahrnehmen. Stellen Sie sich vor, jemand wollte Sie angreifen und abwerten. An Ihnen prallen alle Selbstzweifel und Denkblockaden ab. Ihre Aufgabe ist es, das wunderbare Geschöpf, das Sie sind, vor Gott und der Welt zu verteidigen. Ihre Schattenseiten, die Gott ohnehin kennt, erwähnen Sie in dieser Rede nicht.

Arbeitsheft 5.17

ABENDS TAGESABSCHLUSS mit Meditation und Ritual

Ein erfüllter Tag, der Ihnen Selbstbewusstheit vermittelt und Sie Ihren Prägungen, Werten, Träumen, Ressourcen, auszugrabenden Schätzen und Kraftquellen näher gebracht hat, neigt sich dem Ende. Pendeln Sie sich auf dem Boden, der Sie trägt, in Ihrer Mitte ein und kommen Sie zur Ruhe.

GEBÄRDE *Aus der Fülle schöpfen*

Gehen Sie achtsam im Kreis und wiederholen Sie die nachfolgend beschriebene Gebärde zu dem Text »Aus der Fülle deiner Güte«. Werden Sie sich dabei Ihrer eigenen Fülle und der, die Sie umgibt, bewusst.

Gebärde

Aus der Fülle deiner Güte, * Sie erheben Ihre Arme zum Göttlichen während des Gehens, * *lass mich schöpfen Tag für Tag,* * bücken sich beim Gehen und machen mit Ihren zu einer Schale geformten Händen eine aus dem Boden schöpfende Gebärde,

Aus der Fülle deiner Güte, * führen die gefüllte Schale der Hände Ihrem Herzen zu * *Halleluja* * und lassen Ihre Arme seitlich wieder sinken.

Wie geht es Ihnen dabei, von Gott gerufen und genährt zu sein? Konnten Sie der Frage »Wer bin ich?« näher kommen? Konnten Sie sich Ihres Lichts und Ihrer Fülle bewusst werden?

Arbeitsheft 5.18

Notieren Sie Ihre Gedanken zum Tagesausklang.

Arbeitsheft 5.19

Meditation

Sitzen Sie heute ein letztes Mal in der Stille.

Gott,
manchmal fühle ich mich wie ein Baum im Wind.
Ich schwanke hin und her und verliere meinen Halt.
Ich richte mich zur Vergangenheit aus,
dann wieder dem Nebel der Zukunft entgegen
und finde mich nicht im Hier und Jetzt.
Wenn ich stehe, spüre ich den Boden, der mich trägt.
Ich spüre meine Wurzeln, die hinabreichen bis zum Urgrund
meines Seins.
Meine Äste reichen in die Höhe und verbinden mich
mit dem Göttlichen.
Meine Krone ist ein Zeichen deiner Schöpfung.
Ich neige mich zur Welt und spende Schatten.
Ich wachse und reife und entwickle mich.
Ich erkenne, dass ich ein Baum bin.
An mir reifen Früchte, die die Menschen erfreuen.
Ich schenke sie reichlich und halte nichts zurück.
Ich weiß, dass du mir alles gibst,
damit im nächsten Jahr aus mir neue Früchte wachsen.
Du schenkst mir Regen und Sonne
und Menschenkinder, die meine Früchte nähren.

AMEN

Station 6

GETRÄUMT

Traueraufgabe:
Eigener Lebensspur und Lebensaufgabe folgen

Sie benötigen: Pappe, verschiedene Materialien (Stoffreste, Folie, Steinchen, Glasperlen), roter Faden, einige alte Illustrierte, drei DIN-A4-Blätter dickeres Papier in Gelb (oder weißes in Gelb bemalen), 3 Teelichter

Morgens **AUFSTEHEN – HÖREN auf die BOTSCHAFT der NACHT**

Was will mir mein Traum sagen?
Welche Botschaft, Symbolik und Entwicklung enthält er?
Genießen Sie ein langsames Wachwerden und lassen Sie Ihren Traum in Ruhe nachwirken.

Atemübung

Öffnen Sie weit die Arme. Umarmen Sie in Gedanken den beginnenden Tag, Ihr Geschenk an sich selbst. Legen Sie im Rhythmus des Atems auf das Einatmen den Satz »Ich folge« und auf das Ausatmen »meiner Bestimmung«.

Variation: Sie können Ihren inneren Satz so verändern, dass er für Sie stimmig ist, z. B. »Diese Zeit – gehört mir«, »Ich – will«, »Ich bin – da«, »Hier und – Jetzt«.

Arbeitsheft 6.1

An der Station 5 sind Sie Ihrem eigentlichen Wesen und Ihren Talenten näher gekommen. Für Sie stellt sich nun die Frage, wo und wozu Sie diese Talente in Ihrem Leben einsetzen. Der Trauerweg ist ein Wandlungsweg und bietet Ihnen die Möglichkeit, neue Aspekte in Ihr Leben zu gebären, die bisher noch keine Chance hatten, sich zu entwickeln. Sie spüren an dieser Station intensiv Ihrer Lebensaufgabe und Ihrem Lebenssinn nach, um das zu werden, was Sie von der göttlichen Anlage her schon sind.

Biblischer Impuls

Ich habe dir einen Ehrennamen gegeben,
ohne dass du mich kanntest.

Jes 45,4

Noch ehe ich dich im Mutterleib formte,
habe ich dich ausersehen,
noch ehe du aus dem Mutterschoß hervorkamst,
habe ich dich geheiligt.

Jer 1,5

Sprechen Sie laut:

Herr, mein Gott,
wie hast du mich geträumt?
Reicht meine Lebenszeit, mich deinem Traum anzunähern?
Ich erfasse nur Teile von mir.
Du allein kennst mich vollständig,
mit allen Teilen von Licht und Schatten.
Stärke meine Wahrnehmung,
damit ich spüre, wohin du mich leitest.
Öffne meine Ohren, damit ich dich höre inmitten des Lärms,
öffne meine Augen, damit ich sehe, wo meine Aufgaben liegen.
Schenke mir die Kraft des Heiligen Geistes,
damit ich mich nicht ängstige vor dem, was mich erwartet.
Hilf mir, meine Lebensbestimmung zu finden
und anzunehmen im Vertrauen darauf,
dass du mir alles gibst, was ich dazu benötige.
AMEN

Stellen Sie sich vor, wie Gott Sie liebevoll erträumt.

Formulieren Sie unter diesem Eindruck des Erträumtseins Ihr Gebet in Ihren eigenen Worten.

Arbeitsheft 6.2

MEDITATIVES GEHEN *Der Lebensbestimmung folgen*

Beginnen Sie langsam und achtsam in einem Kreis zu gehen. Sie verinnerlichen, dass Sie Ihrer Lebensbestimmung folgen, auch wenn Ihnen im gegenwärtigen Moment nicht ganz klar ist, wie Ihr Leben nach dieser Verlustsituation weiter verlaufen wird. Sie werden herausfinden, wohin Ihre Sehnsucht zielt. Setzen Sie einen Schritt vor den anderen. Sie lösen sich mit jedem Schritt von Vergangenem und jeder Schritt führt Sie zu Neuem hin. Das Leben ist ein ständiges Vorübergehen. Nichts kann festgehalten werden.

Am Ende verneigen Sie sich.

Was löste dieses Gehen mit den Impulsen, die Sie im Inneren bewegten, aus?

Arbeitsheft 6.3

Lassen Sie während der nachfolgenden Meditation Gefühle von Willkommensein in Ihren Herzraum einfließen. Lassen Sie die Worte des Propheten Jeremia in Ihnen wirken »Noch ehe ich dich im Mutterleib formte, habe ich dich ausersehen« (Jer 1,5).

MEDITATION

Eröffnen Sie Gott Raum und Gelegenheit, Ihnen zu begegnen.

Arbeitsheft 6.4

VORMITTAGS ARBEIT in HAUS und GARTEN

GEBÄRDE *Geben und nehmen*

Sie können die Anleitung zu dieser Gebärde auf der CD (Track 11) anhören.

*Breiten Sie seitlich die Arme aus * und führen Sie sie über Ihrem Kopf zusammen, um die Wirkkraft Gottes einströmen zu lassen. * Kreuzen Sie die Hände über Ihrem Brustraum * und verbeugen Sie sich. * Öffnen Sie Ihre Hände, bilden Sie mit jeder Hand eine kleine Schale und breiten Sie Ihre beiden Handschalen seitlich auf der Höhe des Brustraums aus. Spüren Sie in Ihre Kreuzeshaltung hinein und erspüren Sie Ihr*

Kreuz, das Sie zu tragen haben.

*Spüren Sie in Ihre Verbundenheit mit dem tragenden Grund und dem göttlichen Kosmos. * Weiten Sie bewusst Ihre Arme nach links und rechts. Geben Sie von Ihrem von Gott erträumten Wesen ab, damit es in die Welt ströme. * Halten Sie alsdann Ihre leeren Handschalen der Welt hin, damit sich diese neu füllen mögen. Seien Sie bereit, zu empfangen und Ihre Schalen füllen zu lassen mit dem, wonach Sie sich sehnen. **

*Verbinden Sie dann Ihre beiden Hände zu einer einzigen Schale und führen Sie das Empfangene Ihrem Herzraum als Geschenk zu. * Lassen Sie Ihre Arme wieder sinken. * Verneigen Sie sich.*

Spüren Sie Ihrem Geben und Nehmen nach.

Was löste diese Gebärde in Ihnen aus?

Arbeitsheft 6.5

GESTALTUNGSARBEIT *Roter Faden auf dem Lebensweg*

Diese Gestaltungsarbeit hilft Ihnen dabei, einen roten Faden in Ihrem Leben zu finden.

Gehen Sie zunächst in die Stille. Legen Sie sich entspannt hin. Machen Sie eine innere Reise durch Ihr Leben. Sie beginnen Ihre Wanderung im Hier und Jetzt und nähern sich langsam Ihrer Geburt, Ihrem Werden im Mutterleib und Ihrer Zeugung, sofern Sie etwas darüber wissen. Sie gehen durch Wüsten, Ihr Lebensweg führt durch sinnliche Gärten, durch Auen und Wälder, Sie gehen Strecken allein, manche auch mit anderen Menschen. Es gibt Menschengruppen, von denen Sie freudig begrüßt werden, Menschen, von denen Sie vertrieben oder nicht beachtet werden. Sie erleben Freude, Trauer, Hunger, Gesättigtsein, Einsamkeit, Gemeinschaft, Enttäuschung und Hoffnung. Sie gehen mit schwerem Schritt, fallen hin, Sie werden getragen, Sie humpeln, Sie gehen leichtfüßig. Sie passieren Dörfer und Städte, wohnen in kleinen Hütten, großen Häusern und unter freiem Himmel. Sie wandern bergauf und bergab.

Gestalten Sie Ihren Weg. Unterteilen Sie Ihren Gesamtweg in Etappen von 10 oder 5 Jahren, so wie es für Sie stimmig ist. Sie können zwischen verschiedenen Materialien wählen (z. B. bunte Schnüre, Fäden, graue Pappe, bunte Stoffreste, Folie, Glasperlen, Steinchen, Papier)

Arbeitsheft 6.6

Betrachten Sie Ihren gestalteten Lebensweg. Gibt es Wiederholungen (z. B. in Form, Farbe, Material)? Spüren Sie Ihrem Lebensweg nach. Welche Gefühle werden in Ihnen ausgelöst, wenn Sie ihn betrachten?

Arbeitsheft 6.7

Gibt es etwas, was sich wie ein roter Faden durch Ihr Leben zieht, vielleicht manchmal dicker, manchmal dünner, manchmal kaum wahrnehmbar?

Arbeitsheft 6.8

Wenn Sie auf Ihren Lebensweg schauen, erinnern Sie sich an Momente, in denen Sie göttliche Berührungen spürten? Kennzeichnen Sie diese Berührungen mit einem besonderen Symbol oder einer speziellen Farbe.

Arbeitsheft 6.9

WAHRNEHMUNGSÜBUNG *Name als Lebensaufgabe*

Sie haben bereits bei der Übung 5.6 Ihrem Namen nachgespürt. In Ihrem Namen können Sie weitere Hinweise auf Ihre Lebensbestimmung und Ihre Lebensaufgabe erkennen.

Arbeitsheft 6.10

Kreative SCHREIBÜBUNG *Vermächtnis als Lebensaufgabe*

Weitere Hinweise auf Aufgaben, die Sie mit Sinn erfüllen könnten, könnten in Unvollendetem liegen, das aus Ihrem Leben geschiedene Menschen zurückließen.

Gehen Sie in Ihre Erinnerung und stellen Sie sich drei bis vier Menschen vor, die Sie sehr schätzten. Erinnern Sie sich an das, was diesen Menschen am meisten am Herzen lag. Erkennen Sie eine unvollendete Aufgabe, die Sie berührt?

Arbeitsheft 6.11

Ihre Notizen in dem schwarz umrandeten Kasten könnten Sie dazu anregen, ein »Vermächtnis« dieser Personen aufzugreifen, das jetzt Ihr Leben sinnvoll bereichern könnte.

Mittags

Gönnen Sie sich Zeit zum Ausruhen und Nachwirken. Ein Spaziergang in der Natur verschafft Ihnen Bewegung und lässt Sie den Atem Gottes spüren.

Nachmittags

Heute Vormittag haben Sie dem roten Faden in Ihrem bisherigen Leben und dem, was ihm Sinn verleihen kann, nachgespürt. Der Sinnfrage nachzugehen ist wesentlich für ein erfülltes Leben, unabhängig von äußerlichen Beschwernissen. Mit den in Station 5 aufgespürten Ressourcen und den bisherigen Erkenntnissen verschaffen Ihnen die nachfolgenden Übungen weitere Hinweise darüber, wozu Sie von Gott erträumt sind.

KÖRPERÜBUNG

Sie können die Anleitung zu dieser Körperübung auf der CD (Track 12) anhören.

Legen Sie sich in eine bequeme Körperhaltung. Hören Sie, sehen Sie, fühlen Sie, schmecken Sie. Erleben Sie mit geschlossenen Augen in inneren Bildern:

Das Aufwachen des Schmetterlings

Ich bin ein wunderschöner Zitronenfalter, dessen Flügel im Sonnenlicht glitzern. Es ist mir ein Vergnügen, morgens aufzuwachen. Langsam entfalte ich meine Flügel. Wie ein Wellenschlag hebe und senke ich sie, zuerst vorne, dann hinten. Es ist mir eine Freude, mich so zu bewegen, während ich den lieblichen Duft der Morgenwiese und der blühenden Weiden einatme. Wie köstlich ist es, den frischen Tau am frühen Morgen einzusaugen. Belebt und voller Freude reibe ich meine Fühler. In einem ersten Lufthauch lasse ich mich in die Höhe erheben und genieße den kurzen Ausblick auf die nebeligen Schleier.

Sanft setze ich auf einem Blatt auf.

Ich reibe ein wenig meine Flügel, damit sie warm werden und erhebe mich erneut zu einem Rundflug. Schon bald lande ich kurz auf dem Moosbeet neben einer Wassermulde. Ich genieße die Weichheit des

Mooses. Ich steige ein wenig in die Lüfte und betrachte mich im Spiegel des Wassers von allen Seiten.

Der schimmernde Glanz auf meinen Flügeloberseiten kleidet mich sehr, und ich erfreue mich an meinem Anblick. Ich halte inne und bedanke mich mit einem Flügelschlag bei meinem Schöpfer. Voller Dankbarkeit erhebe ich mich wieder.

Ich fliege sanft von einer Blüte zur anderen. Auf einem Strauch halte ich an und lausche dem Gesang der Amsel. Langsam kämpft sich die Sonne durch den Nebel hindurch. Mit dem ersten Sonnenstrahl setze ich mich auf, lasse mich eine Weile nach oben treiben und spüre das wärmende und tragende Sonnenband unter mir. Ich setze mich, klappe meine Flügel zusammen, fange seitlich auf meinem Flügelschirm das Licht ein und nehme ein Sonnenbad. Dann hebe ich ab und fliege einen weiten Bogen, spüre die samtige Luft an meinen Flügeln. Ich fliege der Sonne entgegen.

Lassen Sie den Schmetterlingsflug nachwirken und kehren Sie langsam ins Hier und Jetzt zurück.

GESTALTUNGSARBEIT *Traum-Collage*

Betrachten Sie erneut Ihren heute Vormittag gestalteten »Lebensweg«. Dieses Mal starten Sie am Anfang Ihres Lebens und schauen, welche Wunschträume Ihren Weg begleiteten. Wie stellten Sie sich Ihr Leben vor? Was wollten Sie werden? In welchem Beruf, mit welcher Freizeitgestaltung, mit welchen Hobbys, in welcher Familiensituation? Was sind Ihre besonderen Fähigkeiten? Wo haben Sie sie für was eingesetzt? Was war Ihre intensivste Freizeitbeschäftigung? Welche Hoffnungen hatten Sie an Ihr Leben? Welche hatten Sie als Kind, wie veränderten sie sich während des Heranreifens? Blättern Sie in alten Illustrierten und schneiden Sie Motive Ihrer Wünsche und Träume aus und kleben Sie sie auf ein Blatt Papier.

Arbeitsheft 6.12

Betrachten Sie eingehend Ihre Träume und Wünsche. Welche Gefühle kommen Ihnen hoch?

Arbeitsheft 6.13

Spüren Sie nach. Sind Sie bei einigen Träumen wehmütig geworden? Haben Sie einen Traum immer wieder aufgeschoben? Sind einige Lebensträume und Lebensziele abhanden gekommen, verloren gegangen, unmöglich geworden? War nie der richtige Zeitpunkt da? Vielleicht ist jetzt der richtige Zeitpunkt? Für was? Welche Lebensträume haben Sie momentan?

Was wäre Ihnen wesentlich, wenn Sie nur noch ein Jahr, einen Monat oder einen Tag zu leben hätten?

Arbeitsheft 6.14

Sprechen Sie laut, was Sie unter 6.14 aufgeschrieben haben.

IMAGINATION *Träume realisieren*

Sie haben sich auf der letzten und dieser Station schon mehr und mehr entdeckt. Die Träume und Wünsche, die Sie gestaltet haben, zeigen bereits eine neue Richtung Ihres Lebens an. Möglicherweise sind sie jedoch noch von Vernunft, Realisierbarkeit oder Akzeptanz des Familien- und Freundeskreises geprägt, so dass die nachfolgende Übung noch einige zusätzliche Aspekte für Ihre Lebensausrichtung freilegen könnte.

Schließen Sie die Augen und spüren Sie in sich hinein.

Sie können begleitende Musik anhören.

Gibt es heimliche Träume und Wünsche, die Sie bisher noch nicht zu denken wagten, bzw. zu äußern? Gibt es etwas, das Ihnen große Freude bereiten würde, Sie jedoch bisher mit sich nicht in Verbindung brachten, weil die Verwirklichung zu teuer ist, Sie nicht über ausreichende finanzielle Mittel verfügen oder aus sonstigen Gründen?

Arbeitsheft 6.15

Gehen Sie ehrlich mit sich um. Prüfen Sie das, was Sie an der Realisierung hindert. Was steht hinter Ihrem angegebenen Grund? Stoßen Sie evtl. auf Traumverhinderer wie Bequemlichkeit, mangelnder Mut zum Risiko, Selbstzweifel oder Unsicherheit? Wenn Ihnen Ihre Träume und Wünsche sehr am Herzen liegen, werden Sie Hindernisse überwinden und kreative Möglichkeiten der Realisierung finden. Bedenken Sie, dass Sie sich Ihren Träumen und Wünschen in kleinen Schritten nähern können. Das Wichtigste ist, dass Ihr Leben nicht zum bequemen, sicheren, aber unlebendigen Stillstand kommt.

IMAGINATION *Rückblick aus der Zukunft*

Erneut begeben Sie sich in eine entspannte Haltung. Spüren Sie in Ihrem Inneren Ihren Facetten und Möglichkeiten, Wünschen und Träumen nach.

Sie sehen sich selber vor Ihrem geistigen Auge. Sie haben die Hauptrolle in dem nachfolgenden Film.

Die Hauptperson berichtet nun nach einem Zeitsprung von 10 Jahren in die Zukunft einem interessierten Publikum, wie sie es erreicht hat, an den jetzigen Punkt ihres Lebens zu gelangen. Sie erzählt über die einzelnen Stufen, die dorthin führten.

Treten Sie nun an ein imaginäres Rednerpult und berichten Sie Ihrem Publikum, wie Sie die 10 Jahre nach Ihrem schweren Verlust bewältigt haben. Welche neuen Ressourcen haben Sie in der Zwischenzeit entdeckt und entwickelt, welche Träume und Wünsche haben Sie realisiert, welchen Träumen und Wünschen haben Sie sich angenähert?

Arbeitsheft 6.16

GESTALTUNGSARBEIT *Lebenstorte*

Die Verwirklichung Ihrer Träume und Wünsche erfordert möglicherweise Zeit, die Sie nicht zu haben glauben. Ein bewusster Blick auf den Umgang mit Zeit schafft jedoch Freiräume durch veränderte Prioritätensetzung. In einem ersten Schritt ist somit eine Analyse Ihrer Zeitverwendung notwendig.

Gehen Sie in die Stille und lassen Sie vor Ihrem inneren Auge Ihre Beschäftigungen abspulen, denen Sie in einer der letzten Wochen ohne Besonderheiten nachgingen. Welche Aktivitäten und welches Sein nimmt in Ihrem Leben wie viel Raum ein?

Arbeitsheft 6.17

Im nächsten Schritt teilen Sie eine Torte in so viele Tortenstücke, wie Sie in der Übung 6.17 Aktivitäten aufgeführt haben. Der Unterschied zu einer Torte aus der Konditorei besteht darin, dass Ihre »Lebenstorte« nicht unbedingt in gleich große Stücke geschnitten ist. Ein jedes Stück ist so groß, wie Sie den dazugehörigen Aktivitäten oder Seinszuständen Zeit in Ihrem Leben einräumen. Beschriften Sie Ihre Tortenstücke mit den entsprechenden Prozentzahlen. Kolorieren Sie die einzelnen Stücke mit unterschiedlichen Farben, Strichen oder Punkten.

Arbeitsheft 6.18

Betrachten Sie intensiv Ihre Lebenstorte. Sind die Größen für Sie stimmig? Haben die Tortenstücke ungefähr die gleiche Größe? Nimmt etwas mit Abstand die meiste Zeit in Anspruch? Gibt es Freiräume von ungefüllten Stücken? Gibt es Stücke, die zu groß sind? Wie stimmen die Farben? Gibt es Tortenstücke, die Sie besonders mögen, gibt es welche, die Sie am liebsten verschenken möchten?

Halten Sie Ihr spontanes Gefühl fest.

Arbeitsheft 6.19

Malen Sie jetzt Ihre veränderte »Lebenstorte«, so wie sie in Zukunft aussehen soll.

Arbeitsheft 6.20

Vergleichen Sie Ihre bisherige (6.18) und zukünftige Lebenstorte (6.20) und machen Sie sich die Unterschiede bewusst.

Kreative SCHREIBÜBUNG *Wächter des Schatzes*

Diese Übung dient dazu zu erkennen, was Sie bei der Freilegung Ihrer Schätze, Träume und Sehnsüchte beflügelt bzw. ängstigt. Sie haben bereits tief gegraben und Verborgenes an die Oberfläche geholt. Ein Schatz ist eine Kostbarkeit und daher sorgfältig zu schützen.

Werden Sie zum Detektiv und spüren Sie auf.

Arbeitsheft 6.21

Abends

TAGESABSCHLUSS
mit Ritual, Meditation und Segen

RITUAL mit Gestaltung *Dem Stern folgen*

Schneiden Sie aus gelber Pappe drei Sterne aus. Ein Stern gibt in dunkler Nacht Licht und Orientierung. Überlegen Sie, wo Sie aus Dunkelheit auferstehen können. Nehmen Sie wahr, wo ganz besondere Fähigkeiten von Ihnen liegen, die Sie zum Wohle und zur Freude Ihrer Mitmenschen zum Leuchten bringen können. Schreiben Sie auf jeden der drei Sterne eine Eigenschaft.

Nehmen Sie die drei Sterne in die Schale Ihrer beiden Hände, die Sie vor Ihren Körper ausstrecken. Bringen Sie Ihre Talente in die Welt, zeigen und verschwenden Sie sie. Geben Sie aus Ihrer Fülle, die Ihnen geschenkt wurde. Gehen Sie über in ein meditatives Gehen. Folgen Sie Ihren Sternen und werden Sie zur Orientierung und zum Licht für andere. Legen Sie die drei Sterne zu Ihrer gestalteten Mitte und zünden Sie jeweils ein Teelicht an.

Ein erfüllter Tag, der Sie Ihrer Lebensbestimmung näher gebracht hat, geht zur Neige. Notieren Sie Ihre Gedanken zum Tagesausklang.

Arbeitsheft 6.22

Meditation

Sitzen Sie heute ein letztes Mal in der Stille. Spüren Sie dem nach, was jetzt am Abend auftaucht.

Sprechen Sie laut:

Du, mein Gott, der du wie ein unsichtbarer Faden
in meinem Leben wandelst,
den ich bisher nicht wahrgenommen habe,
lass diesen Faden nie reißen.
Dieser Faden führe mich weiter zu mir selbst,
zu den Schätzen in mir, die ich nur konturenhaft erkenne,
und zu den Aufgaben, die auf mich warten.
Lass mich deinem Ruf folgen, um das zu leben,
was du von Anfang an in mir angelegt hast.
Du, Herr, höre nie auf, mich zu träumen
und lasse mein Licht leuchten.
Gib mir die Kraft,
fröhlicher zu sein, als ich es mir bisher erlaubte,
dankbarer in Demut
und unabhängiger, ohne mich zu sehr anzupassen.
Von dir bin ich geschaffen,
Ich, dein Ebenbild.
Du nährst mich mit den Früchten deiner Botschaft
und tränkst mich mit den Wassern des Lebens.

AMEN

Station 7
GESEGNET

Traueraufgabe:
Verlust integrieren und Neuausrichtung leben

Sie benötigen: Einige alte Illustrierte, feuerfestes Gefäß (vgl. Station 3).

Morgens **Aufstehen – HÖREN auf die BOTSCHAFT der NACHT**

Was will mein Traum sagen?
Welche Botschaft, Symbolik und Entwicklung enthält er?
Genießen Sie ein langsames Wachwerden und lassen Sie Ihren Traum in Ruhe nachwirken.

Atemübung

Öffnen Sie weit die Arme. Umarmen Sie in Gedanken den beginnenden Tag, Ihr Geschenk an sich selbst. Legen Sie im Rhythmus des Atems auf das Einatmen den Satz »Ich bin« und auf das Ausatmen »gesegnet«.

Variation: Sie können Ihren inneren Satz so verändern, dass er für Sie stimmig ist, z. B. »Diese Zeit – gehört mir«, »Ich bin – da«, »Ich – will«, »Hier und – Jetzt«.

Arbeitsheft 7.1

Am heutigen Vormittag richten Sie Ihren Blick nochmals auf das, was Sie aus den Stationen 1–6 zur weiteren Entwicklung aufnehmen können. Sie holen sich Ihre bereichernden Momente und Erfahrungen auf Ihrem bisherigen Trauerweg in Erinnerung. Sie nehmen wahr, was Ihnen bisher gelungen ist, was Ihnen schwerfiel, wo Sie Widerstand spürten, welchen Zukunftsvisionen Sie entgegenleben möchten und welches Ihre Kraftquellen und Bedürfnisse sind.

Biblischer Impuls

Ich werden dich […] segnen
und deinen Namen groß machen.

Gen 12,2

Habt Vertrauen […] Fürchtet euch nicht.

Mt 14,27

Ich lasse dich nicht fallen und verlasse dich nicht.

Jos 1,5

Er stellte meine Füße auf den Fels,
machte fest meine Schritte.

Ps 40,3

Sprechen Sie laut:

Jesus Christus, mein Herr und Gott,
du sahst mich schon, bevor ich geboren wurde,
und du kennst meinen Schmerz.
Meine Durststrecken und Schmerzen ließen mir Wurzeln wachsen,
die mir auf meinem weiteren Weg Halt geben.
Ich benötige diesen Halt, wenn an mir Schuld,
Selbstzweifel und verletzte Gefühle nagen
und es mir schwerfällt, mir und anderen zu verzeihen.
Du nährst mich, um mich leben zu können,
so wie ich von Dir erträumt bin.
Ob ich es schaffe, selber Früchte in die Welt zu bringen,
zu deinem Lobe und zum Wohle meiner Schwestern und Brüder?
Der Schmerz hat mich verändert,
ich habe erst eine Ahnung, wer und wie ich bin,
ich will mich jeden Tag neu und mehr kennen lernen.
Ich fürchte mich, wieder ins Leben hinauszugehen.
Sei bei mir, wenn ich zaghaft neue Schritte gehe,
sei bei mir, wenn meine Mitmenschen ablehnend
auf meine Veränderungen reagieren,
sei um mich, wenn ich einen Rückschritt mache und falle,
sei mit mir, wenn ich wieder aufstehe und weitergehe,
mir und dir entgegen.

AMEN

Schauen Sie auf Ihre gegenwärtige Verfassung. Sie werden nach dieser Station in das Leben hinaus entlassen, in der Gewissheit, dass Sie es neu aufgerichtet und ausgerichtet auf die göttliche Kraft bewältigen werden. Halten Sie Gott Ihre Dankbarkeit hin für das, was Sie auf Ihrem Trauerweg bereichernd erfahren durften.

Arbeitsheft 7.2

GEBÄRDE *Segen empfangen und spenden*

Sie können die Anleitung zu dieser Gebärde auf der CD (Track 13) anhören.

Stehen Sie in aufrechter Körperhaltung und spüren Sie die Verbundenheit mit dem Boden. Sie sind bereit, den göttlichen Atemhauch zu empfangen. * Knien Sie sich langsam hin. In dieser Haltung der Demut spüren Sie mit seitlich erhobenen Armen und Händen, wie der Segen Gottes in Sie einströmt und Sie den Segen empfangen. * Danach stehen Sie wieder auf.

Beginnen Sie nun Ihre segnende Gebärde im aufrechten Stehen. * Führen Sie Ihre Arme seitlich weit ausgestreckt, die Ellbogen rechtwinklig, nach oben. Die Hände befinden sich auf Kopfhöhe und sind nach oben geöffnet. Lassen Sie sich von Ihrer Bauchmitte tragen. Spüren Sie in Ihre innere Weite und Offenheit hinein, in Ihre Handflächen, die wie Schalen die Himmelsstrahlen der Sonne empfangen und bündeln. Erspüren Sie Ihr Anliegen und wen oder was Sie segnen möchten.

Was löste die Gebärde des Gesegnetwerdens und des Segnens, des Beschenktwerdens und des Beschenkens, in Ihnen aus?

Arbeitsheft 7.3

Lassen Sie während der nachfolgenden Meditation das Gefühl, ein gesegnetes und geliebtes Kind Gottes zu sein, in Ihren weit geöffneten Herzraum einfließen. Lassen Sie die Worte in Ihnen wirken: Ich will dich segnen und du sollst ein Segen sein (frei nach Gen 12,2).

Meditation

Eröffnen Sie Gott Raum und Gelegenheit, Ihnen zu begegnen.

Arbeitsheft 7.4

Kreative SCHREIBÜBUNG *Was mich nährt*

Bevor Sie Ihren Blick nach vorn hin zu Ihrer weiteren Lebensgestaltung richten, möchte ich Ihren Blick auf die Zeit lenken, die wir gemeinsam auf Ihrem Trauerweg von Station 1 bis zu dieser Station verbracht haben.

Blättern Sie Ihr Wandlungstagebuch und Ihr Arbeitsheft durch und legen Sie Ihren Weg noch einmal gedanklich zurück. Erinnern Sie sich, wie Sie Ihre Meditationen begannen und sich dem Göttlichen näherten. Betrachten Sie auch Ihre Gestaltungen. Lesen Sie in Ihren Gebeten und Reflektionen. Erinnern Sie sich an Ihre Entdeckung von Bibelstellen und an einzelne Übungen.

Sie haben eine intensive Zeit zurückgelegt, die Sie auf Ihrem Trauerweg ein Stück weitergebracht hat.

Nehmen Sie wahr, was Ihnen gelungen ist, von dem Sie nie dachten, dass Sie es könnten. Nehmen Sie wahr, wie Sie sich auf Neues eingelassen haben, wie Sie manchmal über Ihren Schatten gesprungen sind, wie Sie durchgehalten haben und wie Sie bereits erste neue Pflänzchen gesetzt haben. Ich bitte Sie, sich dieses mentale und körperliche Gefühl, dass Ihnen etwas gelungen ist, zu bewahren. Wenn in Zukunft etwas nicht klappen sollte, mögen Sie sich daran erinnern. Nehmen Sie sich liebevoll in die Arme. Sie haben einen langen Weg an Trauerarbeit zurückgelegt und können sich über Ihre Arbeit und Entwicklung freuen.

Notieren Sie, was Ihnen besonders guttat und wofür Sie in Ihrem weiteren Leben Raum und Zeit einräumen möchten. Ebenso notieren Sie, wo Sie sich schwertaten. Hier liegt ein Potenzial, dem Sie sich demnächst intensiver widmen können.

Arbeitsheft 7.5

GESTALTUNGSÜBUNG *Mein Garten in drei Jahren*

Sie haben Ihren Garten komplett umgegraben, verändert und neu angepflanzt (vgl. Übungen 3.13 und 3.14). Das, was Ihnen aus Ihrem bisherigen Leben blieb und Sie bewahren, reicht aus der tiefen Erde in Ihr verändertes Leben hinein.

Malen Sie auf, wie Ihr Garten in drei Jahren aussehen soll. In ihm wächst das, was Ihnen blieb und Sie behalten wollten und was Sie nach Ihrem Verlust neu gepflanzt haben.

Arbeitsheft 7.6

Spüren Sie Ihrem Zukunftsgarten nach. Was löst er in Ihnen aus?

Arbeitsheft 7.7

Wickeln Sie Ihren gemalten Garten mit einem schönen Band ein und heben Sie ihn auf. Sie werden ihn noch benötigen.

IMAGINATION *Sprudelnde Quelle*

Legen Sie sich entspannt auf den Rücken und schalten Sie ab. Verinnerlichen Sie den nachfolgenden Text so, dass Sie ihm beim Liegen nachspüren können.

Sie leben ein zufriedenes Leben. Sie fühlen sich warm und wohl. Sie bestellen Ihr Haus und haben Freude daran, wie sich Ihr Garten entwickelt. Es liegt eine Leichtigkeit in der Luft. Ohne Schmerzen laufen und springen Sie singend durch duftende Wiesen, vorbei an üppig tragenden Bäumen, dabei freundlich austauschend mit anderen Menschen. In Ihrem Garten pflanzen, ernten und verschenken Sie.

Manchmal kommt eine dunkle Wolke, die schon von Weitem sichtbar ist. Es überkommt Sie eine Unruhe. Sie suchen sich einen ruhigen Ort und atmen die Stille ein. Die Stille führt Sie zu einer nahe gelegenen Quelle, die nicht viele Menschen kennen. Die Quelle kennt Sie und begrüßt Sie freundlich mit den Worten:

> *Liebe/r .... (Setzen Sie Ihren Namen ein). Bitte mich um das, was du benötigst, ich will es dir geben. Ich sprudel über vor Freude, die Menschen zu erquicken und mein Wasser ist unerschöpflich. Ich will dich stärken und wünsche dir eine gute Zeit, bis du wiederkommst.*

Sie sehen zum Himmel, und die dunkle Wolke ist verflogen. Erfreut und gestärkt nehmen Sie Ihr Tagewerk wieder auf.
Die Erinnerung an Ihre Quelle brennt sich tief in Ihr Herz.

Spüren Sie dieser Übung nach. Nehmen Sie die ständig sprudelnde Kraftquelle in Ihnen wahr? Um was würden Sie die Quelle in diesem Moment bitten?

Arbeitsheft 7.8

GESTALTUNGSÜBUNG ***Collage meiner Bedürfnisse***

Füllen Sie ein großes Blatt Papier mit Ausschnitten aus Zeitungen und kleben Sie spontan auf, was Sie zu Ihrem Wohlbefinden benötigen und was Sie nährt. Tragen Sie Ihre verschiedenen Bedürfnisse zusammen und gestalten Sie eine bunte Collage.

Arbeitsheft 7.9

Die Imagination der Quelle sowie Ihre Collage hat Sie sensibilisiert, Ihre Bedürfnisse im Groben wahrzunehmen. Sie können Ihren Bedürfnissen noch differenzierter nachgehen. Dies erleichtert es Ihnen, gut für sich zu sorgen.

Spüren Sie Ihren Bedürfnissen nach, die sichergestellt sein sollten

- an einem Tag
- zusätzlich in einer Woche
- zusätzlich in einem Monat
- zusätzlich innerhalb eines Jahres

Arbeitsheft 7.10

Ihre bunte Collage und diese Zusammenstellung mögen Sie in Ihrer weiteren Trauerarbeit daran erinnern, ausreichend auf Ihre Bedürfnisse zu achten.

Mittags

Gönnen Sie sich Zeit zum Ausruhen und Nachwirken. Ein Spaziergang in der Natur verschafft Ihnen Bewegung und lässt Sie den Atem Gottes spüren.

Nachmittags

Heute Nachmittag spüren Sie bewusst in das hinein, was in Ihrem Leben verdorrt und überholt ist. Sie nehmen Ihre Grenzen wahr und entwickeln konkrete Vorstellungen, wie Sie Ihren Verlust in Ihr verändertes Leben integrieren können. Bevor wir voneinander Abschied nehmen, spüren Sie nach, welche Hilfe und Unterstützung Sie zur alleinigen Bewältigung Ihres Alltags benötigen und in Anspruch nehmen können.

WAHRNEHMUNG *Überholtes*

Sie haben Ihren Kahn gepackt, um zu neuen Ufern aufzubrechen.

Spüren Sie in Ihr Inneres und notieren Sie weitere fünf Dinge, die in Ihrem Leben jetzt überholt sind und die Sie am alten Ufer zurücklassen wollen [über das Verdorrte (3.16) hinaus].

Arbeitsheft 7.11

Schreiben Sie Ihre Begriffe auf Zettel und legen Sie sie in das feuerfeste Gefäß in Ihrer Meditationsmitte, in dem sich bereits Zettel mit anderen Inhalten (Verdorrtes oder zur Verabschiedung reif von 3.16 und Bekenntnisbriefe von 4.17) befinden *(wir kommen heute Abend darauf zurück).*

WAHRNEHMUNGSÜBUNG *Grenzen erkennen*

Sie haben neue Anregungen aufgenommen und wollen schwungvoll Ihre veränderte Lebensausrichtung wagen. Es besteht leicht Gefahr, sich zu überfordern und die eigenen Grenzen nicht genügend zu achten. Die Folge in einem Kreislauf unguter Entwicklungen wäre, dass Sie sich schnell abwerten (»Nie gelingt mir etwas.«). Um dieses zu verhindern, möchte ich Sie bitten, achtsam mit sich umzugehen, d.h. auf Ihre Bedürfnisse zu achten, Nein-Sagen weiterhin üben und auf Anzeichen von Erschöpfung und Überforderung zu reagieren. Nicht einmal der allmächtige Gott hat die Erde an einem Tag geschaffen. Die folgende Parabel vom Lächeln der Madita mag auch Ihnen die Erlaubnis geben, in kleinen Schritten in Ihr verändertes Leben zu gehen.

Sie können den Text auf der CD (Track 14) anhören.

Das Lächeln von Madita

In einer Krankenstation in Afrika blieben über Wochen die Hilfssendungen mit Medikamenten aus. Der Geruch der Station und das Stöhnen der Kranken wurden täglich schlimmer. Jeden Tag starben mehr Menschen und die noch Lebenden dämmerten und vegetierten auf ihren Lagern. Madita war Krankenschwester. Ihr Lächeln zauberte in die Augen der Kranken einen Glanz und ließ sie Hoffnungslosigkeit und Schmerzen vergessen. Madita eilte unaufhörlich von Krankenbett zu Krankenbett, Tag und Nacht. Doch weiterhin wurde die Zahl der Toten mehr, selbst die Jungen wurden dahingerafft. Madita lächelte und lächelte, bis das Lächeln gefror und sie zusammenbrach. Als sie zu sich kommt und die Augen öffnet, erblickt sie neben sich ein kleines Kind, das noch lebt. Da hört sie im Inneren eine Stimme, die spricht: Madita, niemand erwartet von dir, dass du alle Kranken rettest. Mit deinem Lächeln dieses eine Kind am Leben zu erhalten, das ist deine Aufgabe. Und Madita lächelte.

GESTALTUNG *Orte und Rituale zur Erinnerung*

Sie haben in der Station 3 wahrgenommen, was Ihnen aus der Zeit vor Ihrem gegenwärtigen Verlust und anderen Verlusten geblieben ist. Auch kann eine Aufgabe, die in der Art eines Vermächtnisses von Ihnen fortgeführt wird, etwas Bleibendes sein und als Bestandteil zu Ihrem neu ausgerichteten Leben beitragen. Der Zukunftsgarten, den Sie heute Vormittag gestaltet haben, veranschaulicht, wie Bleibendes und Neues zusammenwachsen. Mit zunehmender Trauerbewältigung wird Ihre Trauer nicht aus Ihrem Leben verbannt. Die Trauer bekommt jedoch einen neuen Platz, damit sie nicht zu einer Blockierung für Ihr weiteres Leben wird.

Es wird für Sie hilfreich sein, Ihrer Trauer einen festen Ort zu schaffen und feste Rituale zu entwickeln.

Beispiele für Orte: Gestaltung eines Fotoalbums, Gestaltung eines Grabes, Gestaltung einer Kiste mit Erinnerungsstücken, Gestaltung einer Wandfläche mit Fotos.

Beispiele für Rituale: Einladung von Freunden zu bestimmten Tagen, um gemeinsam zu erinnern (Geburtstag einer Person, die aus Ihrem Leben geschieden ist; Jahrestag von etwas Besonderem, das in Verbindung mit dem Verlorenen steht).

Arbeitsheft 7.12

GESTALTUNG *Spiritualität im Alltag*

Spiritualität ist nicht dazu da, um in einer abgeschiedenen Kammer zurückgezogen praktiziert zu werden. Gelebte und lebendige Spiritualität führt in den Alltag des Lebens. Gott ist da, wo Sie gerade in einer auf ihn ausgerichteten Lebenshaltung tätig sind. Spiritualität und Alltag gehören zusammen. Gerade im Alltag zeigt sich mit allen Anforderungen, Herausforderungen, Widersprüchen und Gegensätzlichkeiten, wie tragfähig Ihr Boden ist, auf dem Sie gehen. Gott wird mitten im Alltag erfahrbar.

Vielleicht ist es Ihnen eine Hilfe, sich einen persönlichen Meditationsplatz in Ihrer Wohnung zu gestalten. Es wird Ihnen gelingen, von Ihrer Familie die nötige Achtsamkeit für Ihre tägliche Zeit und Ihren Platz zu erlangen. In der Zwiesprache mit Gott haben Sie jederzeit jemanden, der Sie in Ihrem Gelingen und Scheitern, in Ihren Hoffnungen und Ängsten sieht und dem Sie alles hinhalten können.

Wenn Sie die Unterstützung einer Gruppe brauchen, werden Sie einen geeigneten Trauerkreis und ein passendes Angebot in Ihrem Umkreis finden.

Arbeitsheft 7.13

GESTALTUNGSÜBUNG *Mandala*

In der nachfolgenden Übung gestalten Sie ein Mandala. Das Wort Mandala bedeutet Einheit. Ihr Mandala kann Sie auf Ihrem weiteren Trauerweg unterstützen und eine Kommunikation mit Ihrer Seele herstellen.
Ihr Mandala besteht aus einem äußeren und inneren Kreis. Bezeichnen Sie die Segmente am äußeren Rand mit:

1 – gesehen
2 – berührt
3 – beschenkt
4 – geliebt
5 – gerufen und genährt
6 – geträumt
7 – gesegnet

Erinnern Sie sich an jede der sieben Stationen und malen und/oder schreiben Sie eine spontane Assoziation in das entsprechende Segment, wobei Sie den mittleren Kreis frei lassen. Es ist Ihnen frei gestellt, wie Sie die Segmente gestalten. Schreiben Sie etwas hinein, was Sie besonders berührt hat und haften geblieben ist. Sie können auch in Ihrem Wandlungstagebuch oder in Ihrem Arbeitsheft zurückblättern, wenn es Ihnen schwerfällt, spontan eine Auswahl zu treffen. Nehmen Sie sich Zeit und gestalten Sie Ihr Mandala liebevoll. Vielleicht mögen Sie auch einzelne Segmente miteinander verbinden, wenn sich während des Trauerkurses Beziehungen zwischen einzelnen Stationen entwickelt haben.

Arbeitsheft 7.14

Wenn Ihr Mandala für Sie stimmig ist, ist diese Übung nahezu beendet. Sie können von außen an Ihrem Mandala vorüberschreiten und die sieben Stationen passieren. Sie können Ihr Mandala auch sitzend drehen und Ihren Blick auf die Segmente Ihres Trauerweges richten.

Schreiben Sie nun in die freie Mitte Ihres Mandalas »Steh auf, Du hast noch einen weiten Weg vor Dir«. Verinnerlichen Sie dabei, was Elija erfuhr, als er aufgeben wollte:

> *Elija wünschte zu sterben und sprach:*
> *Es ist genug. So nimm denn, Herr, meine Seele.*
> *Und er legte sich hin und schlief unter dem Wacholder. Und siehe, ein Engel rührte ihn an und sprach: Steh auf und iss! Denn du hast einen weiten Weg vor dir.*
> *Und er sah sich um, und siehe, zu seinem Haupt befand sich geröstetes Brot und ein Krug mit Wasser.*
>
> 1 Kön 19,4-6

Damit sorgen Sie vor, wenn Sie auf Ihrem Trauerweg stecken bleiben, mutlos werden und Sie nicht weiterkommen. Jederzeit können Sie auf die Mitte Ihres Mandalas blicken und sich des göttlichen Zuspruchs versichern.

Arbeitsheft 7.15

ABENDS TAGESABSCHLUSS mit Ritual, Gebärde, Abschied und Meditation

RITUAL *Loslassen und verbrennen*

Stimmen Sie sich um Ihre gestaltete Mitte für das Ritual mit dem nachfolgenden Text ein:

Weisheit eines Reisenden

Ich kann nur Neues entdecken,
wenn ich Altes loslasse und mich einlasse
auf Unbekanntes, Ringen und Scheitern.
Ich lasse mich herausfordern um
etwas zu finden, wonach ich nicht suche,
um herauszufinden, wer ich bin,
um zu hören, was ich nie hörte,
um zu sehen, was ich nie sah,
um zu erfahren, was ich nie erfuhr.
Ich werde lachen und weinen,
fallen und gehen,
allein sein und in Begleitung,
hungrig und gesättigt,
das Ende ersehnend und kraftvoll schreitend.
Ich nehme mir das Leben – wie eine Frucht –
und genieße Bitternis und Süße.
Ich greife danach, ich begreife es mehr und mehr und
lasse mich ein – ganz und gar –
auf das Abenteuer »Leben«.

Spüren Sie die göttliche Anwesenheit.

Nehmen Sie nun das feuerfeste Gefäß, in dem sich Ihre Zettel und Briefe (vgl. 3.16, 4.16 und 7.11) befinden. Lesen Sie noch einmal aufmerksam, was verdorrt und überholt ist, welche Schuld Sie quälte und was Sie nun loslassen möchten.

Reichen Sie mit beiden Händen Ihre Schale dem Göttlichen hin und übergeben Sie an Gott alles, was nicht mehr zu Ihnen gehört. Stellen Sie die Schale hin und zünden Sie die Papiere an. Sie sehen zu, wie nach und nach alles verbrennt und sich in Asche verwandelt. Spüren Sie in sich hinein, wie Sie leicht und frei werden. Lassen Sie ein Gefühl von Dankbarkeit in sich einströmen.

GEBÄRDE _Neu aufgerichtet in Dankbarkeit_

Sie können die Anleitung zu dieser Gebärde auf der CD (Track 15) anhören.

Stellen Sie sich aufrecht hin. Breiten Sie Ihre Arme aus und verneigen Sie sich vor der Anwesenheit Gottes. * Falten Sie Ihre Hände zum Dank. Spüren Sie achtsam in Ihre Hände, wenn sie sich langsam schließen. * Verbinden Sie Ihre Hände zu einer Schale, die alles Empfangene enthält. *

Heben Sie diese Schale vor Ihr Gesicht, so dass Sie ganz bewusst der göttlichen Gegenwart danken können. Halten Sie mit Ihren Händen etwas Abstand zu Ihrem Gesicht, so dass Sie das Kraftfeld, das Sie erwärmt, spüren. Ziehen Sie in Gedanken einen Kreis von Gegenwärtigem hin zu Vergangenem und wieder zurück. * Ihr Körper drückt Ihre Dankbarkeit aus, Sie brauchen keine Worte zu finden.

Verneigen Sie sich und beenden Sie diese Gebärde.

ABSCHIED

Jetzt heißt es, bald Abschied voneinander zu nehmen. In den sieben Stationen der Trauer sind wir uns näher gekommen. Ich habe Sie durch intensive Prozesse geführt, die für Sie Arbeit bedeuteten, um Ihre Trauer zu verwandeln und verborgene Schätze in Ihrer Persönlichkeit zu heben. Ich habe Ihnen Gehhilfen an die Hand gegeben, Ihren Weg nun allein weiterzugehen. Gern können wir einzelne Übungen zu einem späteren Zeitpunkt wiederholen. Die Trauer ist wie eine Spirale. Sie setzen mit jedem Durchgang auf einer anderen Ebene an, um wieder zu Ihrer vollen Vitalität zu gelangen.

Eine lange Wegstrecke der Trauerarbeit und ein erfüllter Tag liegen hinter Ihnen. Spüren Sie Ihren Empfindungen nach.

Arbeitsheft 7.16

Meditation

Sitzen Sie heute ein letztes Mal während Ihrer begleiteten Trauerumwandlung in der Stille. Spüren Sie dem nach, was heute Abend auftaucht. Spüren Sie Ihre Erleichterung, Traurigkeit, Dankbarkeit und Freude darüber, die 7 Stationen der Trauer in einem ersten Durchgang durchschritten zu haben.

Sprechen Sie laut:

Herr, segne meine Augen,
damit sie Leid und Trauer meiner Mitmenschen erkennen,
Herr, segne meine Hände,
damit sie heilsame Berührungen weitergeben,
segne meine Ohren,
damit sie deine Stimme hören inmitten von Geschwätz.
Herr, segne meinen Mund,
damit er von deiner Kraft verkünde,
er nur Worte in deinem Sinne bilde und Schweigen bewahre.
Herr segne mein Herz,
dass sich meine Trauer mehr und mehr umwandle in Liebe,
dass es durchlässig, liebevoll und geöffnet bleibe,
sich für Vergebung verschwende
und in Freude über deine Schöpfung lobe.
Gib mir deinen Segen, dich im Alltag zu leben
und zum Segen für andere zu werden.
Ich danke dir,
dass du mich sicher durch den Weg der Trauer begleitest
und weiter auf mich achtgibst,
auf dass ich an keinen Stein stoße.
AMEN

Zum Abschied

Behalten Sie die Übungen bei, die Ihnen während Ihrer Arbeit an den Trauerstationen guttaten, z. B.

- Ihr Wandlungstagebuch zu führen,
- In der Bibel Impulse aufzugreifen (Was berührt mich, welche Ermutigung, welche Aufforderung, welche Zumutung?),
- Ihren Träumen nachzuspüren,
- Ihrer Kreativität Raum und Zeit einzuräumen,
- weitere Glaubenssätze und Antreiber aufzuspüren (vgl. 4.10),
- Bewertungen, Urteile und Vergleiche zu lassen,
- auf Leib, Körper und Geist zu hören,
- ein Stern für andere zu sein,
- mit weit geöffneten Sinnen die Natur wahrzunehmen,
- sich regelmäßig auf etwas zu freuen und für Freude zu sorgen,
- ungelebte Persönlichkeitsanteile durch verändertes Denken und Verhalten ins Leben zu bringen.

Ich habe Sie gern begleitet und ich bedanke mich für Ihr Vertrauen. Ich hoffe, dass Spiritualität für Sie erfahrbar wurde und Ihnen die Impulse und Übungen Anstöße geben konnten. Ich wünsche Ihnen von Herzen einen weiteren guten Weg durch Ihre Trauer.

Jetzt bleibt mir nur noch zu sagen:

Wenn du das Trauertal durchschritten hast,
wird es dir zum Brunnen und der Frühregen bedeckt es mit Segen.
Frei nach Ps 84,7

Hab nur Mut, steh auf. Er ruft dich. Mk 10,49

Ich will dich segnen […] Du sollst ein Segen sein. Gen 12,2

Gunhild Kleinhoff

Dank

Ich danke allen Kontemplationslehrerinnen und -lehrern, die meinen spirituellen Weg zum Herzensgebet angestoßen, begleitet und bereichert haben. Was mir gut tat, ist in dieses Buch eingeflossen. Marianne und Heinz Behnken haben mich im Via Cordis Kloster Wennigsen in die Tiefe des Schweigens eingeführt. Franz-Xaver Jans-Scheidegger, Via Cordis Haus-St. Dorothea in Flüeli-Ranft, ließ mich erleben, wie lebensfroh und bodenständig Spiritualität im Alltag gelebt werden kann. Er ermutigte mich im Schreibprozess, wenn mir Zweifel kamen. Das Angebot im »Projekt Spiritualität« in Hamburg nährte mich auf meinem Übungsweg.

Dr. Dietmar Rostig vom Zentrum für Trauerbegleitung und Lebenshilfe in Dresden würdigte das von mir entwickelte Trauermodell und unterstützte mich mit wertvollen Anregungen; meine Ausbildungsgruppe schenkte mir bereichernde Resonanz. Ich danke allen von Herzen.

Meine Familie und mein Freundeskreis haben mir trotz zeitlicher Durststrecken die Treue gehalten. Dafür bin ich sehr dankbar. Meinem Bücherfreund Ludger Bitter habe ich den Kontakt zum Gütersloher Verlagshaus und wertvolle Literaturempfehlungen zu verdanken; die Gespräche mit Dr. Katharina Fietze brachten stets wohltuende Klarheit und Sicherheit.

Klaus Altepost, Verleger des Gütersloher Verlagshauses, danke ich für seine spontane Begeisterung, mein Modell einem breiten Kreis von Trauernden nahe zu bringen. Meiner Lektorin Dr. Renate Hofmann danke ich für ihre Textanregungen sowie ihren unermüdlichen Einsatz für dieses Buch.

Der größte Dank aber gebührt meinem Sohn Moritz, der mich mit wertvoller Kritik und kreativen Ideen unterstützte.

Ich bin allen Trauernden zutiefst dankbar für die Einblicke in ihr Inneres, die sie mir während meiner Begleitungen gewährt haben.

Hamburg, im Januar 2009
Gunhild Kleinhoff

Weiterführende Literatur

(1–3 überwiegend bezogen auf Verlust durch Tod)

1) Auswahl zu: Trauer und Spiritualität

Canacakis, Jorgos. Ich sehe Deine Tränen. Trauern, Klagen, Leben können. Zürich: Kreuz 1987.

Eglin Anemone, Huber Evelyn, Kunz Ralph, Schröder Brigitta, Stahlberger Klaus, Urfer Christine, Wuillemin Roland. Das Leben heiligen. Spirituelle Begleitung von Menschen mit Demenz. Ein Leitfaden – Zürich: Theologischer Verlag 2006.

Everding, Gustava und Westrich, Angelika. Würdig leben bis zum letzten Augenblick. Idee und Praxis der Hospiz-Bewegung. Nördlingen: C. H. Beck 2003.

Gomez, Tina und Diodà Carin. Warum konnten wir dich nicht halten? Wenn ein Mensch, den man liebt, Suizid begangen hat. Stuttgart: Kreuz Verlag 2006.

Grün, Anselm. Wenn ich nur noch einen Tag zu leben hätte. Stuttgart: Kreuz 1999.

Jans-Scheidegger, Franz-Xaver. Kontemplation – Herzensgebet – Jesusgebet. Ein Zustand – ein Weg. www.viacordis.ch/spiritualitaet/sp-Kontemplation2.htm. Stand 2001. Abgerufen am 25.01.2009.

Kast, Verena. Trauern. Phasen und Chancen des psychischen Prozesses. Stuttgart: Kreuz 1982.

Kübler-Ross, Elisabeth. Interviews mit Sterbenden. 9. Auflage. Übertragung aus dem Amerik. Leippe, Ulla. Gütersloh: Gütersloher Verlagshaus 1982.

Müller, Monika. Dem Sterben Leben geben. Die Begleitung sterbender und trauernder Menschen als spiritueller Weg. Gütersloh: Gütersloher Verlagshaus 2007.

Roth, Fritz. Einmal Jenseits und zurück. Ein Koffer für die letzte Reise. Gütersloh: Gütersloher Verlagshaus 2006.

Schwikart Georg. Die 100 wichtigsten Fragen zu Tod und Trauer. Gütersloh: Gütersloher Verlagshaus 2008.

Tausch-Flammer, Daniela und Bickel, Lis. Jeder Tag ist kostbar. Endlichkeit erfahren – intensiver leben. 4. Auflage. Freiburg i. Breisgau: Herder 2000.

Tausch, Anne-Marie und Reinhard. Sanftes Sterben. Was der Tod für das Leben bedeutet. Reinbek bei Hamburg: Rowohlt Taschenbuch Verlag 1991.

2) Auswahl zu: Trauer bei Kindern

Donnelly, Elfie. Servus Opa, sagte ich leise. Hamburg: Friedrich Oetinger 1985.

Erlbruch, Wolf. Ente, Tod und Tulpe. Verlag: Kunstmann 2007.

Kuijer, Guus. Erzähl mir von Oma. Hamburg: Friedrich Oetinger 1986.

Eckhardt, Jo. Wohnst du jetzt im Himmel? Ein Abschieds- und Erinnerungsbuch für trauernde Kinder. Gütersloh: Gütersloher Verlagshaus 2007.

Reitmeier, Christine und Stubenhofer, Waltraud. Bist Du jetzt für immer weg? Mit Kindern Tod und Trauer bewältigen. Freiburg i. Breisgau: Christophorus-Verlag 1998.

Nanetti Angela. Mein Großvater war ein Kirschbaum. Frankfurt am Main: Fischer Taschenbuch Verlag 2003.

Nilsson, Ulf und Erikson, Eva. Die besten Beerdigungen der Welt. Frankfurt am Main: Moritz-Verlag 2006.

3) Auswahl zu: Trauer bei Jugendlichen

Pohl, Peter und Gieth, Kinna. Du fehlst mir, du fehlst mir! München: Deutscher Taschenbuch Verlag 2002.

Schins, Marie-Thérèse. Und wenn ich falle? Vom Mut, traurig zu sein. München: Deutscher Taschenbuch Verlag 2001.

Schins, Marie-Thérèse. Es geschah an einem Sonntag. Ein Abschied. Reinbek bei Hamburg: Rowohlt Taschenbuch Verlag 1988.

4) Auswahl zu: Spiritualität und Mystik

Avila, Teresa von. Die innere Burg. Übersetzung von Fritz Vogelsang. Zürich: Diogenes Verlag AG 1979.

Jäger Willigis. Die Welle ist das Meer. Mystische Spiritualität. 9. Auflage. Freiburg i. Breisgau: Herder 2000.

Jans-Scheidegger, Franz-Xaver. Worte – geboren aus Schweigen. München: Kösel-Verlag 2002.

Jungclaussen, Emmanuel (Hg.). Aufrichtige Erzählungen eines russischen Pilgers. Die vollständige Ausgabe. Übersetzung: Reinhold von Walter, ergänzt u. durchgesehen d. d. ökumenische Institut der Abtei Niederaltaich. 13. Auflage. Freiburg i. Breisgau: Herder 1974.

Loccumer Arbeitskreis für Meditation (Hg.). Verstehen durch Stille: Loccumer Brevier. Hannover: Lutherisches Verlagshaus 2001.

Maschwitz, Rüdiger. Das Herzensgebet. Ein Meditationsweg. München: Kösel-Verlag 2005.